AF187199

Das Buch

Kinder aufwachsen zu lassen in einer sich verändernden Welt mit ihren wechselnden Herausforderungen, ist nicht unbedingt ein Erfolgserlebnis. Außer man macht es zu einem – in der Routine des Alltags und in Zeiten hereinbrechender Turbulenzen. Eine Aktion, die Jahrzehnte überspannt und deren Gelingen andere beurteilen. Aktuell geht es um das Leben mit sieben Kindern. Dass dieses Leben alleine gestemmt werden muss, erschwert die Angelegenheit.

Man macht dabei seine Erfahrungen: Über den Umgang mit Geld und Materie, mit Kochtöpfen und mit Kindern, deren große und kleine Wehwehchen getröstet werden wollen. Antworten sind gefordert; ob es dann immer die richtigen sind und ob man den richtigen Tonfall trifft, ist eine andere Frage. Aber man lernt...

Der Autor

ist dankbar, in Zeiten und an Orten gelebt zu haben, an denen er unbehelligt von obrigkeitlichen Eingriffen seine Kinder aufziehen konnte. Und auch heute, da Heranwachsende auf neue Denkrichtungen und Lebensgefühle getrimmt werden, würde er versuchen, seinen Weg zu gehen im Vertrauen auf die unwandelbaren Entwicklungsgesetze, die dem menschlichen Sein die Form geben. Seine Wurzeln hatte er in Deutschland, jetzt lebt er in der Schweiz.

Klaus Dietze

Vision Familie

Erziehung

als

Härtetest

Text und Cover

mit 13 Fotografien des Autors

FSC
www.fsc.org
MIX
Papier aus ver-
antwortungsvollen
Quellen
Paper from
responsible sources
FSC® C105338

Bibliografische Information der Deutschen Nationalbibliothek: Die Deutsche Nationalbibliothek verzeichnet
diese Publikation in der Deutschen Nationalbibliografie;
detaillierte bibliografische Daten sind im Internet über
dnb.d-nb.de abrufbar.

© 2019

Herstellung und Verlag:

BoD – Books on Demand, Norderstedt

ISBN 9 783748 156963

Inhalt

1. Migration ins Abseits

„Wie seid ihr eigentlich zu so vielen Kindern gekommen," hatten uns Menschen gefragt.

Wir hatten dankbar angenommen, was uns geschenkt worden war und es nie bereut. Wenn wir von der Vorsehung für würdig befunden wurden, das Leben weiterzugeben, wollten wir selber auch nicht kleinlich sein. Wo Platz gewesen war für vier, war auch Platz für fünf, wo fünf waren, konnten sechs leben und so fort. Wir hatten unsere Bestimmung im irdischen Dasein gefunden.

Aber dann hatte das Schicksal uns einen Weg geführt, den wir gehen mussten, auch wenn wir nicht wollten. Wir hatten anzunehmen, was auf uns zukam und danach war ich alleine mit sieben Kindern im Alter von zwei bis vierzehn Jahren und der Frage, wie weiter.

Die Erinnerungen daran lagen in meinem Gedächtnis herum wie ein Haufen Baumaterial auf einem Bauplatz, alles noch durcheinander. Es musste erst Ordnung hineinkommen, sollte daraus ein Haus werden. Ordnung schaffen und zusammenzubringen, was auseinanderfiel, war ohnehin für mich ein Dauerauftrag des Lebens gewesen.

Anfangs hatten uns noch Angebote erreicht zu helfen. Es war um die Trauer-Arbeit gegangen; es gab sogar vorgedruckte Leitlinien. Was tun mit ihnen? Schmerzliche Erinnerungen aufarbeiten oder den Ofen damit anfeuern? Dann rief eine ältere Dame an von einer gemeinnützigen Institution, sie hätte von uns gehört und bot Unterstützung. Das klang nobel. Allerdings entwickelte sie gleich ein ganzes Konzept am Telefon.

Als Mann würde man nicht im Stande sein, sich um sieben Kinder zu kümmern, also wäre meine Sache der volle Einstieg in den Beruf, um die finanzielle Basis zu schaffen für die Anstellung einer kompetenten Erzieherin und Haushälterin. Es gäbe seriöse Agenturen zu dem Zweck und man würde einen Beitrag leisten. Das Auflegen des Hörers geschah etwas heftig.

Später kam von anderer Seite die Rückmeldung, warum ich so unkooperativ wäre. Aber wussten sie in ihren Amtsstuben nicht, wie es auf dem Arbeitsmarkt aussah, wenn man schon jenseits der Lebensmitte war? Und kompetente Frauen – hatten die nicht Gehaltserwartungen, die jedes Budget sprengten und außerdem gerade immer dann ihre freie Zeit, wenn kleine Kinder mit großem Kummer mitten in der Nacht getröstet werden wollten?

Die einzige Kompetenz, die mir bekannt war, erstreckte sich über 24 Stunden rund um die Uhr und das jahrein jahraus. Und mein Bild von Frauen umfasste viel mehr, als dass ich sie in unserer innersten Privatphäre hätte jobben sehen wollen.

Das Angebot war wenig hilfreich. Was getan werden musste, war meine eigene Aufgabe, auch wenn ich sie niemals mit dieser bedingungslosen Liebe erfüllen konnte wie die, von der ich sie übernommen hatte.

Die Situation wurde nicht besser dadurch, dass wir umziehen wollten, aber keine Wohnung fanden. Wohnungssuche für sieben Kinder war simpel ausgedrückt ein Kopfschmerz. Wer hatte schon sieben Kinder? Wohnungen wurden heutzutage gebaut für Singles. Doch meldete sich ein Herr mit sonorer Stimme am Telefon, er hätte genau das Richtige für uns.

Wie sich herausstellte, war es ein Stück Beton in einer größeren Betonanhäufung mit einer handtuchbreiten Grünfläche zu einem Mietpreis vom Doppelten meines Einkommens. Als ich ablehnte, wurde er laut und ausfallend: Es gäbe doch schließlich Sozialämter! Man musste nur genügend Druck machen, dann würden sie schon helfen bei der Finanzierung! Der Handel kam nicht zustande.

Schlussendlich ergab sich doch etwas Passendes. Es war ein Schmuckstück von einem Haus an zentraler Lage. Alles wurde abgemacht auf Treu und Glauben und der Umzug in die Wege geleitet. Der Möbelwagen stand schon bereit, als die Sache doch platzte. Eigner war eine Erbengemeinschaft und eine Partei hatte in letzter Minute quergeschossen über einen Anwalt. Da nützte alle Sympathie der anderen für uns nichts.

Zum Glück gab es wohlgesonnene Menschen, die zwar unser Problem nicht lösen konnten, doch jeder für sich ein Stück davon. Bei den einen ließ sich ein Teil des Hausrates unterstellen, andere wollten liebgewordene Gegenstände für uns aufbewahren, bis wir sie wieder abholten. Einige der Mädchen hatten ein vorläufiges Unterkommen in Familien ihrer Kameradinnen und eine der Patentanten wollte gleich mehrere bei sich aufnehmen.

Das Größte aber war, dass wir für den anstehenden Winter ein Ferienhaus nutzen durften hochoben in den Bergen, das wir schon von früher kannten. Wir hatten dort glückliche

Zeiten erlebt, als die Familie noch heil gewesen war, und uns nützlich gemacht, indem wir Brennholz schlugen für den offenen Kamin oder das Dach reparierten, wenn im Winter die Schneelast die Ziegel eingedrückt hatte. Das war die Option, die uns am meisten zusagte, und als alles geregelt war, zogen wir um in die Berge.

Im Flachland war alles noch grün gewesen. Als die Strasse zu steigen anfing, wurde es weiß und als wir oben waren, lag mehr als ein halber Meter Schnee. Die Zufahrt zu unserem neuen Domizil war ein Stück weit geräumt, so dass es überhaupt zu erreichen war. Die Kleinen mussten allerdings beim Fahrzeug warten, sonst hätten sie bis an den Bauch im Schnee gesteckt.

Beim Haus waren alte Skier und Seile zu finden, aus denen sich ein provisorischer Lastschlitten machen ließ. Wir luden unsere Habseligkeiten und die Vorräte auf und ächzten mit der guten Hilfe der älteren Töchter los zum Haus. Eines von den Kleinen fiel in eine Schneewehe, war halb verschwunden und wurde wieder ausgegraben.

Im Haus war es das Erste, ein großes Feuer in Gang zubringen im offenen Kamin, der im Raum eine zentrale Lage einnahm. Ein Vorrat von Holzkloben ganzer Stämme und knorriger Wurzeln war aufgeschichtet und es ging nicht lange, bis sich die Wärme wohlig verbreitete.

Die Töchter kümmerten sich derweilen um unseren Jüngsten, der sich einen Katarrh eingefangen und Ohrenweh hatte. Sie setzten ihn in den Schaukelstuhl, vergruben ihn in Polster, stülpten ihm Ohrenwärmer über und rückten ihn ans Feuer. Später bekam er noch einen Zwiebelwickel auf die Ohren und die Entzündung war weg ein für allemal.

Alle fanden, das Leben wäre gar nicht so schlecht hier oben und begaben sich in die Kochecke, um Gemüse zu schnippeln für den nahrhaften Eintopf, der dampfend auf den rustikalen Tisch kam, um den herum wir saßen und es uns schmecken ließen nach unserer Reise ins Abseits.

Der Ordnung halber rief ich am nächsten Tag beim Einwohnermeldeamt der ehemaligen Wohngemeinde an. Unser alter Wohnsitz wäre passé und den neuen anzumelden etwas schwierig, was tun? Am anderen Ende der Leitung wurde tief durchgeatmet: Ob wir nicht wüssten, dass wir uns ohne ordentliche Anmeldung außerhalb der Legalität bewegten? Wir sollten einen „richtigen" Wohnsitz nachweisen! Für den Moment erschien uns der Wohnsitz zwar richtig genug, aber ob sie denn einen noch richtigeren wüssten? Pause bei der Gegenseite. Sie waren überfordert mit der Frage. Wohnungssuche gehörte nicht zu ihrem Ressort. Jedoch sollten wir so schnell wie möglich zur gesetzlichen Normalität zurückkehren! Das konnte versprochen werden.

Und was überhaupt mit der Schule wäre? Da war so weit alles in Ordnung und geregelt. Ich hatte mit den Lehrern gesprochen. Sie fanden unsere Aktion zwar nicht optimal, aber woher eine passende Wohnung nehmen, hatten sie natürlich auch nicht gewusst. So teilten sie den Unterrichtsstoff für die nächsten Monate mit verbunden mit der Hoffnung, er würde einigermaßen vermittelt werden. Auch das ließ sich versprechen.

Es betraf ohnehin nur die mittlere Fraktion der Familie; die älteren Töchter hatten ein Generalabonnement, die landesweit gültige BahnCard der Schweizer Bahnen, mit der sie die 200 km zur Schule fahren und dort bei Bekannten bleiben wollten, um am Wochenende wieder bei uns zu sein.

Sie fanden das machbar und blieben unter der Woche weg. Die Bahn- und Busverbindungen waren so, dass sie am Freitagabend erst in der Dunkelheit zurück sein konnten. Dann lauschten wir draußen vor der Haustüre in die Nacht hinaus auf das Knirschen von Schritten im Schnee.

Endlich waren sie da mit von der Kälte geröteten Gesichtern und umweht von einem Hauch frischer Gebirgsluft, kamen herein an Wärme und Licht und konnten sich gleich an den Tisch setzen, auf dem Töpfe und Pfannen etwas Gutes zum Essen versprachen. Wir waren wieder eine große Familie, bis auf die Eine, die Unersetzliche, die die Mitte unseres Lebens gewesen war und uns jetzt aus anderen Sphären begleitete.

„Also, was dran wäre, sind die Grundrechenarten, kriegen Sie das hin?", hatte der Lehrer gesagt. Ich war zuversichtlich, hatte bei unseren Vorräten eine Kiste mit Orangen und stellte mir vor, damit das richtig Arbeitsmaterial zur Hand zu haben zum Thema Plus und Minus, Malnehmen und Teilen.

„He! Moment mal – wohin des Weges?", waren die, für die das alles gedacht war, gerade soeben noch zu fassen zu kriegen in voller Schneemontur, „Wir haben Schule! Das war abgemacht."

Die Begeisterung hielt sich allerdings in Grenzen; draußen auf dem Hang vor dem Haus wartete eine perfekt festgetretene Piste, wenn von mir schon kein Geld locker zu machen war für die Skilifte unten im Dorf. Im Geräteschuppen hatten sie passende Skier gefunden und sogar Snowboards. Snowboards! Whau! Für einen Lehrer waren das erschwerte Bedingungen.

„Also passt mal auf!", fing ich an. „Wenn das hier 3 x 11 Orangen sind, und wir tun davon 8 Stück auf die Seite, für schlechte Zeiten sozusagen, und wenn 4 Kinder genau gleichviel bekommen sollen, wieviele kriegt jeder und was bleibt dann übrig, für den Lehrer, sagen wir mal, der nämlich Orangen auch gerne hat … "

Am Gesichtsausdruck meiner Schülerinnen war nicht recht auszumachen, ob sie sich davon über- oder unterfordert fühlten, aber sehr genau war zu sehen, dass sie dachten: Mensch! Draußen ist so schönes Wetter, wann lässt du uns endlich springen? Recht hatten sie ja eigentlich; der Zeitpunkt war nicht optimal. Die Frage war, ob er es jemals sein würde, und wenn ja, ob dann die Orangen nicht schon längst aufgegessen sein würden.

Während die Älteren sich übten auf ihrer selbstgebauten Slalomstrecke, hatten die Kleinen inzwischen Schaufeln und Spaten gefunden und fingen an, Löcher zu graben. Es waren rechte Schneemengen gewesen, die im Laufe des Winters gefallen waren, und um die Zugänge um das Haus herum offen zu halten, war der Schnee immer auf eine Seite geschaufelt worden.

Dort lag er zwei Meter hoch und die lieben Kleinen gruben sich begeistert vor ins Innere des Schneehaufens. Sie waren auch noch motiviert, als sie am Abend einschliefen und ebenso, als sie am Morgen erwachten und gleich weitermachen wollten.

Dagegen war nichts einzuwenden. Kinder, die sich begeistern können, waren doch etwas Erfreuliches! Sie gruben und gruben und mein Bereich waren derweilen die Kochtöpfe. Ab und zu trat ich vor die Haustür und beobachtete das Treiben mit einem Schmunzeln. Das Schmunzeln blieb auch noch am späten Nachmittag beim Betrachten der emsigen Aktivitäten. Aber dann plötzlich – was machten die da eigentlich? – fuhr mir etwas durch den Kopf. Die Angelegenheit wurde bedenklich.

Ich rief: „Kinder kommt schnell rein, es gibt etwas Leckeres!" Es war eine Art Nationalgetränk, jedenfalls für die Altersstufe, das für sie aus den Tassen dampfte, süß und schmackhaft. Hinterher waren sie dann wohlig müde, die Dunkelheit brach schon früh herein und der

Tag war gelaufen.

Am nächsten Morgen, als die Schaufelei weitergehen sollte, war das Schneebauwerk leider eingestürzt. So ein Pech! Dass dabei ein bisschen nachgeholfen worden war, musste man ja nicht an die große Glocke hängen. „Wirklich Pech", ließ sich das bedauern, als wir uns die Misere zusammen anschauten. „Allerdings", versuchte ich zu trösten, „ist das ja ganz gut, dass das nicht auf euch draufgefallen ist. Ich hätte euch richtig wieder ausbuddeln müssen."

Ah ja, fanden sie, das stimme hingegen auch und waren nicht weiter betrübt. Sie schauten aus nach anderen Betätigungen für den neuen Tag. Mir aber sollte die Sache eine Lehre sein; aus dem harmlosen Spiel, eine immer komfortablere Wohnhöhle zu bauen, hätte auch ein Unglück werden können, wenn tragende Außenwände zu dünn geworden wären für die Schneelast darüber.

Die Kleinen suchten ihre „Füddlibob" hervor und liefen zu ihren älteren Geschwistern auf die Piste. Mundartlich ist ein „Füddli" unser menschliches Hinterteil und der Bob dazu ein Plastikteller mit einem Griff zum Darunterschieben. Qietschend vor Vergnügen sausten sie abwärts und manchmal schaute man lieber nicht zu genau hin, wenn sie hart an einem Baum vorbeirauschten.

Ein Unglück hätte auch hier geschehen können, aber wäre es sinnvoll gewesen, sie deshalb in Watte zu packen? Die älteren Mädchen natürlich erst recht nicht, die auf Skiern und Snowboards an ihrer Fahrtechnik feilten.

Mich selber hätte man schon eher in Watte packen sollen, denn würde mir etwas passieren, wären die Probleme nicht mehr weit. Töchter können sehr wohl mit einem Gips im Bett liegen oder herumhumpeln und sich von Schulkollegen interessante Autogramme darauf schreiben lassen. War man aber der, bei dem alle Fäden zusammenliefen, ließ man es besser nicht auf Hals- und Beinbruch ankommen, wenn es weitergehen sollte.

Obschon, manchmal hatte es auch mich gejuckt. Als Flachlandbewohner hatte ich zwar nie auf Skiern gestanden, es aber doch einmal versucht unter den kritischen Augen und wohlmeinenden Kommentaren eines Freundes. Alles war ins Rotieren gekommen, Arme, Beine, Bretter, Stöcke, mal oben, mal unten.

Zum Schluss die Abfahrt durch eine enge Waldschneise, recht und links Bäume und Gebüsch und es wurde immer schneller … Hilfe, wo war bloß die Bremse? Ich hatte vorher den Könnern zugeschaut bei ihren eleganten Schwüngen und versuchte in höchster Not das Gleiche. Die Schneewolke, aus der sie mich hervorkrabbeln sahen, war enorm, aber wenigstens war es kein Baum gewesen.

Familie war wichtiger als Spaß im Schnee. Mochten sich andere die Knochen brechen! Die Töchter waren anderer Ansicht und demzufolge hatten sie in späteren Zeiten auch Gelegenheit, sich Autogramme auf ihren Gips schreiben zu lassen. Ich hatte nicht immer dastehen wollen als Knauser und Geld herausgerückt für die großen Skilifte und Pisten. Da war es dann turbulenter zugegangen als vor der eigenen Hütte.

Es knisterte. Manchmal waren es kleine Glutstücke, die sich absprengten von den Holzkloben oder Wurzelstöcken, die im offenen Kamin brannten. Dann flogen sie ein Stück weit in den Raum, aber es gab nichts, an dem sie Schaden hätten anrichten können. Lärchenholz verhielt sich so, wenn es brannte, und es waren in der Hauptsache Lärchen, die im weiten Umkreis der Hütte standen. Einmal hinaus in den Wildwuchs an einem schönen Herbsttag mit der Motorsäge und es langte für manche Winternacht. Das Holz musste nicht einmal besonders trocken sein, der Anteil an Harz sorgte von alleine dafür, dass es gerne brannte.

Die kleineren Kinder lagen in ihren Betten, nachdem sie noch eine Gutenacht-Geschichte gehört hatten. Alles musste immer echt passiert und natürlich gut ausgegangen sein und mit einem zufriedenen Seufzer schliefen sie ein mit rosigen Backen. Die älteren, wenn sie nicht in der Schule waren, lagen gemütlich auf dem Bauch und steckten die Nase in ein Buch.

In der Schule, die sie besuchten, hatte das Eintrichtern von Verstandeswissen in den ersten Jahren nicht im Vordergrund gestanden und bis in die 4. Klasse hinein hatten sie nie richtig gelesen. Das war durchaus in Ordnung, weil sie dafür ein Menge anderer Dinge gelernt hatten. Dann aber, praktisch über Nacht, hatten sie alles nachgeholt und wurden zu wahren Leseratten.

Was sie an Büchern erwischten, wurde verschlungen und es war ratsam, die Augen offen zu halten, um das ein bisschen zu steuern. Gebrauchte Bücher konnten sie fast umsonst haben, und wenn die vom Niveau her nicht besonders aufbauend waren, ließ man sie irgendwann unauffällig verschwinden in Richtung Kamin. „He, hat jemand mein Buch gesehen?", tönte es vielleicht dann aus einer

Ecke. Aber man wusste von nichts: „Keine Ahnung. Wo du auch immer dein Zeug rum liegen lässt!"

Dabei hatte das Zeug schon längst geholfen, die Temperatur in der Hütte angenehm warm zu halten. Später dann aber würde einmal ein ganzes Regal an schönen Büchern bereitstehen, die uns schon in der eigenen Jugend begleitet und begeistert hatten. Im Moment waren sie noch in Kartonschachteln verpackt und bei lieben Menschen untergestellt.

Zu später Stunde saß ich allein und schaute in das erlöschende Feuer. Wenn man etwas blinzelte, ließ einen die Fantasie abenteuerliche Formen in der verglimmenden Glut entdecken, Abgründe des Erdinneren und lavabrütende Vulkane. Draußen, vor den Fenstern, ging der Blick in die Weite der Nacht. Matte Lichtinseln der Dörfer in den Bergen der anderen Talseite schimmerten herüber wie entfernte Galaxien in der Unendlichkeit des Universums. Es war die Zeit der Rückbesinnung auf das Vergangene.

War ich zufrieden mit dem Leben? Natürlich nicht! Hatte man zusammengelebt mit dem liebsten Menschen der Welt, war alles andere nur ein Abglanz des Früheren. Doch das sollte kein Undank gegenüber dem Schicksal sein, denn alle waren gesund und munter. Anfangs unlösbare Probleme hatten sich auf geheimnisvolle Weise geglättet und auch für die Zukunft konnten wir darauf vertrauen, dass uns weitergeholfen würde.

Gab es noch offene Wünsche und Erwartungen, Ziele, die ich anstreben wollte? Eigentlich nicht. Immer wieder war es so gewesen, dass man sich endlos hatte abmühen können und doch war nichts in Bewegung geraten. Dafür taten sich Türen auf an anderer Stelle, die vorher nicht da gewesen waren. Das Schicksal selber wies den Weg und die Aufgabe war, die Richtung zu erkennen.

Materielle Glücksgüter? Warum? Einmal zu viel Gas gegeben und das Traumauto war ein Schrotthaufen, das Traumhaus konnte abbrennen (Vorsicht beim Kamin übrigens, waren die Holzvorräte weit genug weg gelagert?), und das dicke Bankkonto war nur dick bis zum nächsten Crash. Meine Vorfahren hatten auch geglaubt, das gebe es gar nicht, bis sie dann vor den Trümmerhaufen der Geschichte gestanden hatten.

Und Versicherungen? Was hatten sie gebracht in all den Jahren, in denen wir versucht hatten, naturverbunden zu leben, und doch war das Leben vorbei gewesen mit 41 Jahren. Eine junge Mutter von sieben Kindern, Teres – warum? Nach der Antwort hatte man selber suchen müssen, nirgendwo war etwas zu erfahren, am wenigsten von den Ärzten.

Lange Zeit hatte ich die Fragen mit mir herumgetragen, bis endlich der Finger auf die offene Wunde gelegt werden konnte: Gifte, Schwermetalle, Quecksilber, Amalgam. Teres hatte viele Füllungen gehabt, aus denen sich das darin enthaltene Quecksilber ununterbrochen in ihrem Körper angereicherte, bis es irgendwann die Lebensfunktionen erdrosselte.

Ohne ihre Kinder wäre ihr Leben wohl noch früher zu Ende gegangen. Frauen geben in der Schwangerschaft einen beträchtlichen Teil des Giftes weiter an das werdende Leben. Ihr eigener Organismus reinigt sich dabei auf Kosten ihrer Kinder – unsere hatten alle von Geburt an eine üble Neurodermitis gehabt, bei der sich ihre Körper über die Haut von dem Gift zu befreien suchten. Sieben Schwangerschaften hatte Teres gehabt, schlank und rank wie sie gewesen war, sieben problemlose Hausgeburten und jedesmal war es mit ihr wieder besser gewesen als vorher. Doch dann war es nicht mehr weitergegangen.

Es gab Berichte, die mehr als befremdlich waren: Wie Zahnärzte, zumindest hierzulande, früher die Menschen missbehandelt hatten. Insbesondere jungen Frauen waren auch gesunde Zähne gezogen worden mit der Begründung, die Mühe, sie zu erhalten, lohne nicht. Je früher eine Totalprothese, desto besser! Aussagen von Zeugen, die es miterlebt hatten, waren absolut glaubwürdig.

Meiner Schwiegermutter war es so ergangen. Teres selber war zwar nicht mehr in dieser Zeit aufgewachsen, dafür aber waren an ihr, noch fast in ihrer Kindheit, vollkommen überrissene und verantwortungslose Amalgambehandlungen vollzogen worden, obwohl ihre Zahnsubstanz nicht schlecht gewesen war.

Als sie mir das einmal erzählte, konnte sie die Bitterkeit darüber nicht verbergen. Dabei hatte sie nur von den Schmerzen gesprochen, die ihr zugefügt worden waren. Dass damit auch die Lebenszeit abgekürzt wurde, dass sie kaum die Hälfte ihrer Jahre erreichte, war ihr nicht bewusst gewesen. Mir ebenfalls nicht. Das kam erst Jahrzehnte später.

Das letzte Holzscheid im Kamin knisterte und glomm noch einmal auf, bevor es erlosch. Es war spät geworden. Ich öffnete die Türe und trat vor das Haus. Über den Schnee hinweg ging der Blick weit über das dunkle Tal, mit seinen Lichtflecken von den Ansiedlungen, die aus der Tiefe heraufleuchteten. Zwischen den Ästen der hohen Lärchen funkelten Sterne an einem wolkenlos klaren Nachthimmel, der sich bis zu den Schneegipfeln der Gebirgsketten erstreckte.

2. Lektionen im Schnee

Mädchenaugen können einen unglaublich see-lenvoll anschauen, aber diesmal sollten sie mir damit nicht davonkommen! Schule war Schule und ohne Fleiß kein Preis! Fortschritt musste sein, auch wenn es nur um das Rechnen ging. Allerdings, wie befürchtet, waren die Orangen nicht mehr verfügbar für den Unterricht: Auf-gegessen. Nachschub war nur zu haben in den Läden unten im Dorf und musste hoch-geschleppt werden – für den Moment war ich dafür nicht zuständig.

„Wir wollen aber was Leckeres!", sagten die Töchter.

Warum hatten sie dann alles gleich verputzt? Selber schuld, man hätte ja etwas aufsparen können.

„Da ist aber noch eine Büchse Ananas! Dürfen wir die?"

Stimmt. Die war aus alten Vorräten. Aber jetzt war eigentlich Schule.

„Erst Ananas, Schule später!"

Meinetwegen. Sollten sie. Unauffällig ging

mein Blick, ob nirgendwo ein Büchsenöffner herumlag.

Die Töchter hatten fix die Büchse hervorgeholt, auf den Tisch gestellt und waren voller Hoffnungsfreude. „Mach die mal auf!"

Wer? Und wie überhaupt? Hatten sie einen Büchsenöffner für mich?

Sie schauten mich betroffen an. „Du kannst das auch ohne. Du kannst doch alles!"

Ich nahm die Büchse, drehte sie zwischen den Fingern und versuchte, sie aufzubeißen. Leider vergebens, das Blech war zu hart.

„Ach Mensch", riefen sie, „du musst das richtig machen!"

Ging aber nicht. Keine Ahnung wie. Wollten sie Ananas, mussten sie selber dahinter. Schnell wurde ein Stundenplanwechsel vorgenommen und umgeschaltet von Rechen- auf Werkunterricht: „Im Schuppen steht eine Werkzeugkiste. Vielleicht ist was Passendes dabei. Ich jedenfalls kann das nicht. Überhaupt kein bisschen!"

Sie sahen, dass es mir ernst war, stapften durch den Schnee zum Schuppen und legten die Fundstücke auf den großen Tisch: Schraubenzieher, Eisensäge, Kombizange, Stechbeitel, Hammer, Schraubenschlüssel …

Schraubenschlüssel? Wo hatte eine Konservenbüchse eigentlich Schrauben? Sie schauten nach, es gab keine. „Also macht mal", sagte ich, „ich will dann aber auch was von der Ananas."

Die Mädchenriege machte bedenkliche Gesichter und unser Jüngster stand dabei in Erwartung kommender Leckerbissen. Für mich gab es draußen einiges an Schnee zu schaufeln.

Die Sache erwies sich als komplizierter als gedacht, aber sie wollten nicht locker lassen. Mit Schraubenzieher und Hammer schlugen sie ein Loch in die Büchse und gleich noch eins, aber das Ding kippte um und auf dem Tisch breitete sich eine süße Pfütze aus. Alles wurde klebrig. Sie holten eine Schale, fingen den Saft auf und leckten sich die Finger.

Der Saft mundete ihnen, war aber bald getrunken und der restliche Inhalt weiterhin nicht zugänglich. Einmal in Schwung, begannen sie, mit dem Hammer draufzuschlagen. „He", mussten sie gebremst werden, als die Schläge draußen zu hören waren, „macht bloß die schöne Tischplatte nicht kaputt. Legt ein altes Brett unter."

Das machten sie und arbeiteten verbissen weiter. Nach einer Weile war die Büchse in einem Zustand der Auflösung. Der Inhalt schaute bei verschiedenen Löchern heraus, aber sie kamen nicht ran. Erschöpft mussten sie eine Pause einlegen.

Was denn nun?, war meine Frage, bliebe das so liegen, würde es irgendwann anfangen zu schimmeln. Zumindestens müsste das raus an die Kälte! Aber das ging ihnen gegen die Ehre, also wieder drauf los! Ein Stück vorwärts ging es, als sie den Stechbeitel einsetzten, mit dem sie einen kleinen Schlitz in das Blech schlugen.

Doch der Durchbruch kam erst, als sie in einer Schublade ein altes Hackmesser fanden. Mit neuer Hoffnung und kräftigen Hammerschlägen darauf arbeiteten sie weiter und das Blech gab nach. Allerdings war es nun zusammengedrückt und mit Zange und Hebeln musste es erst auseinander gezogen werden, bis sie das süße Innere herauskratzen konnten.

Die Schulstunde war beendet. Alle saßen um den Tisch, etwas klebrig, aber rundum zufrieden, löffelten ihre Ananas, hatten etwas dazugelernt und waren stolz auf ihre Leistung. Was Konservenbüchsen betraf, wussten sie sich zu helfen. Allerdings hatte vorsichtshalber ein Verbandskasten bereitgestanden.

Der restliche Tag gehörte dem Schnee.

Die Schulstunden machten wir gleich am Morgen, wenn der Geist noch frisch war. Lesen war allerdings kein Thema. In einer Familie von potentiellen Leseratten konnte das warten. Von der Flut an Nichtigkeiten, die sich in die Welt ergoss, brauchten sie gar nicht alles mitzukriegen so früh. Es gab zwar die Bücherkisten mit guter Literatur, die sie bei Gelegenheit entdecken sollten, doch stand es in den Sternen, wo das sein würde.

Angesagt dagegen war Schreiben, je nach dem Niveau, auf dem sie sich befanden. Eines war gerade erst dabei, die Buchstaben zu lernen. Das musste nicht unbedingt eine trockene Angelegenheit sein, wenn man dazu bunte Bilder malen durfte: einen Turm für ein T, einen kräftigen Kerl für ein K, einen behäbigen Bär für ein B, bis das ganze Alphabet zusammen war. Dazu hatte es ein Heft gegeben und man brauchte nur bei den Bildern nachzuschauen, um ein ganzes Wort daraus zu machen.

Die Größeren waren schon darüber hinaus und es brauchte nicht viel, sie zu motivieren, ein Tagebuch zu schreiben. Es war das Alter, in dem geheime Gedanken anfingen und wenn sie aufgeschrieben wurden, waren sie ebenfalls geheim. Als Lehrer hatte man sich damit abzufinden, nicht zu Gesicht zu bekommen, was da in kleinen Büchlein notiert war, die gut in die Hosentasche passten, und da eben geheim blieben.

Beim Rechnen hingegen klemmte es. Um

Zuneigung zu Zahlenkolonnen zu entwickeln, war schon ein spezielles Talent notwendig, das in der Familie weniger ausgeprägt war, zumal die Lernhilfen längst aufgegessen waren. Wir hatten es noch mit Erdnüssen und kleinen Salzbrezeln versucht, aber denen war es auch nicht besser ergangen. Es blieb nichts übrig, als sich mit den Zahlen direkt rumzuschlagen. Das war mühsam, aber es musste sein.

Doch wir hatten in zurückliegenden Zeiten schon Vorarbeit geleistet: beim Seilspringen. Jedes wollte natürlich so lange wie möglich hüpfen ohne außer Tritt zu geraten und so hatte sich von allein der Einer-Sprung ergeben: 1, 2, 3... bis 10. Danach kam der Zweier-Sprung: 2, 4, 6... Und der Dreier-Sprung war auch nicht allzu schwer. Sie konnten das beim Springen runter schnurren wie ein kleines Verslein und man lag kaum weit daneben mit der Annahme, dass sich das im Gedächtnis verankern und abrufbar bleiben würde.

Was sie am liebsten machten, war Zeichnen. Auf großen Bögen Papier konnten sie loslegen mit einfachen Formen und den Stift in gleichmäßigem Zug seine Bewegung machen lassen. Skizzen wurden spiegelbildlich ergänzt und so das Prinzip der Symmetrie entdeckt. Rosetten entstanden, zu denen sich immer weitere

Blätter hinzu fügen ließen. Der Fantasie waren keine Grenzen gesetzt und nach Belieben nutzten sie ihre Farbstifte für besondere Akzente. Manchmal vergaßen sie dabei sogar den Schnee draußen.

Als die Wochen vergingen, wurden die Tage länger und vor der Hütte konnte man schon gemütlich in der Sonne liegen. Nachts gefror es wieder und da, wo kleines Volk vorher in abgrundtiefem Schnee versank, war die verharschte Oberfläche wie eine ebene Bahn.

Manchmal machten wir weite Spaziergänge und als wir einmal erst gegen Abend zurückkehrten, fand unser Jüngster heraus, dass der Mond, der liebe Kerl, immer mit uns mitkam. Von Baumwipfel zu Wipfel war er dabei. „Är het üs gärn, gell", war seine Vermutung, sonst würde er uns ja nicht den ganzen Weg begleitet haben. Es musste wirklich so sein, dass er uns gern hatte.

Ab und zu fiel wieder Schnee und auf dem festen Untergrund ließen sich wunderbar große Schneekugeln rollen. Ich war gefragt, sie aufeinander zu tischen für wunderbar große Schneemänner. Doch das war eine Überforderung, wer wollte sich schon den Rücken verknaxen? „Ihr müsst was anderes damit machen

– fällt euch denn nichts ein?"

Dann halt Schneekamele, fanden sie. Zwei große Schneekugeln hintereinander würden schon einen veritablen Kamelrücken ergeben und täten sie noch einen dritten dazu, hätten alle zusammen oben Platz und könnten losreiten bis zum Südpol, oder wo immer die Reise hingehen sollte. „Aber ihr wisst, dass Kamele maximal nur zwei Höcker haben?", war mein Einwand; doch sie ließen sich nicht stören von solchen Nebensächlichkeiten.

Der Junior mit seinen kürzeren Beinen blieb ein wenig außen vor bei der schieren Höhe der Unternehmung und arbeitete dafür an einem Schneekrokodil mit einem Bauch, der aus vielen kleinen Kugeln bestand und oben mit Zacken besetzt war. Das inspirierte seine Schwestern zu weiteren Taten und so entstand rings um die Hütte allmählich eine ganze Menagerie von Schneelöwen, Büffeln und Walrossen.

Hatten sie genug davon, begaben sie sich wieder auf ihre Slalompiste, um die Fahrtechnik zu verbessern. Beneidenswert, das junge Volk, wie sie das machten! Ich selber kam auf Skiern zwar den Hang herunter, aber auf dem Snowboard war es eine Bauchlandung nach der anderen.

Mitten in diese Betriebsamkeit hinein – wir

waren jetzt mehr als zwei Monate hier – kam das Aus: Das Telefon läutete. Es war die Patentante eines der Mädchen, in deren bäuerlicher Verwandtschaft ein Bauernhaus durch familiäre Veränderungen frei geworden war. Sie hatte ein gutes Wort eingelegt für uns und wir sollten die Sache anschauen.

Die älteren Mädchen fuhren nicht mehr zurück in die Schule, sondern hüteten ihre kleinen Geschwister und dafür machte ich mich auf ins Flachland, begleitet von den guten Wünschen meiner Jungmannschaft.

Das Emmental, wohin die Reise ging, war jedoch nicht flach. In einer Landschaft von Tälern und Hügeln, erschlossen von steilen Wegen mit engen Kurven, war die neue Heimat zu finden, und im Nachbarhaus die Besitzer, eine Bauernfamilie von altem Schrot und Korn. Wir machten unseren Handel mit einem Handschlag ab und unsere Familie hatte wieder ein richtiges Zuhause.

Obwohl wir rund tausend Meter niederer wohnten, fühlten wir uns wie auf dem Dach der Welt. Unser neues Domizil stand zuoberst auf einen Hügel mit dem weiten Blick über das Land, und die Bergriesen, zwischen denen wir gelebt hatten, waren nur noch als eine Kette feiner weißer Spitzen am fernen Horizont sichtbar.

Besonders eindrucksvoll war das, wenn man ein gewisses Örtchen aufsuchen musste, dessen Tür ein kleines Herz aufwies, und das sich an der Südseite des Hauses über der Jauchegrube befand. Ließ man die Türe offen, war der Anblick berauschend und man vergaß schier, wozu man sich hier aufhalten wollte.

Bestand in der Nacht das Bedürfnis hierherzukommen, war der ganze südliche Sternenhimmel im Fokus mit seinen Tierkreisbildern, an denen sich immer neue himmelskundliche Entdeckungen machen ließen. Im Haus wurde eine große Sternenkarte angepinnt für die, denen die Astronomie ein Anliegen war, in der Hauptsache also für mich selber.

Allerdings konnte die sanitäre Situation auch ihre Tücken haben. Einmal nachts – im Sommer barfuß zum Abort über die Terasse laufend – lag etwas Dunkles, Rundes im Weg. Hatten die Kinder da einen Ball liegen lassen?

Mit einem Fußtritt wollte ich ihn aus dem Weg befördern, doch ein dunkles Gefühl stoppte mich in letzter Sekunde. Zum Glück, sonst hätte es ein schmerzhaftes Erwachen gegeben. Es war ein Igel, der den Futterteller der Katzenbevölkerung entdeckt hatte, und sich zu nächtlicher Stunde ebenfalls daraus bediente. Im Winter dann bei Minustemperaturen war die Freude an der sanitären Situation ohnehin leicht getrübt, selbst bei fantastischen Sichtverhältnissen.

Der Standard an Komfort im Haus war etwas vermindert, aber durchaus unseren Ansprüchen genügend als erst ein paar Scheiben neu eingesetzt waren und der Wind nicht mehr durchzog. Richtig gemütlich wurde es, wenn wir den großen Küchenofen einfeuerten, mit dem auch gleich die Ofenbank und der Kachelofen der Wohnstube beheizt wurde. Wir waren zufrieden, wieso auch nicht? Viele Generationen einer standesbewussten Bauernschaft hatten vorher in dem Haus leben können, warum also nicht auch wir?

Eine kleine Herausforderung war der weite Schulweg. Die Kinder gingen vom ersten Tag an wieder zur Schule und es war, als seien sie nie weggewesen. Die Schule lag in der Stadt, die in einer halben Stunde vom Bahnhof aus zu erreichen war. Der war nicht weit, aber unten im Tal gelegen.

Im Sommer bei schönem Wetter fuhren sie im Schuss auf ihren Fahrrädern hinab, von wo sie dann zu gegebener Zeit wieder abgeholt werden konnten, die Fahrräder außen auf den offenen Kofferraum gestapelt, manchmal einen ganzen Turm. Im Winter hatten sie ab und zu schulfrei, wenn der Schneepflug es nicht geschafft hatte, die meterhohen Schneeverwehungen rechtzeitig zu räumen.

Alle Kinder hatten eine BahnCard, mit der sie in die Stadt fuhren, aber bald waren sie auch schon in der ganzen Region unterwegs. Bei besonderen Anlässen blieben sie über Nacht bei Bekannten und lernten früh, sich selbstständig im Leben zu bewegen. Ich hatte keinen lückenlosen Überblick mehr von ihrem Tun, aber vertraute darauf, dass eine gute Macht über sie wachte und sie beschützte. Der Normalfall vorerst jedoch war, dass sie alle bis zum Abend wieder eingetrudelt waren am Bahnhof.

Um ganz für die Kinder da zu sein, war keine Zeit für berufliche Tätigkeit geblieben. Das Einkommen bezogen wir aus ihrer Halbwaisenrente. Nicht besonders viel für ein einzelnes, aber mal sieben genommen und es langte für moderate Ansprüche. Die Bauern hatten uns ein Stück Pflanzland zu Verfügung gestellt und es war eine Freude mitzuerleben, wie alles wuchs und gedieh und unseren Speiseplan bereicherte.

Der Umgang mit Geld hatte überlegt werden wollen. Den Kindern vom 14. Geburtstag an freien Zugang dazu zu erlauben, um sie für alle Lebensbedürfnisse selber sorgen zu lassen, war einen Versuch wert. Nur sollte es bestimmte Regeln geben in dem „Kässeli-System", wie wir es nannten. Alle Entnahmen waren einzutragen mit Datum, Betrag und Verwendungszweck.

War das Kässeli, eine kleine Schachtel, leer, konnte es jedesmal neu aufgefüllt werden mit 300 Franken, sobald die Liste vollständig vorlag. Zu Anfang war noch unklar, ob es funktionierte, aber es ging, sehr gut sogar. Die Richtigkeit der Abrechnung wurde kontrolliert, aber nicht unbedingt der Verwendungszweck. In all den Jahren gab es keinen Grund zur Reklamation, außer einmal, als es um ein Schönheitsmittel ging und ich fand, also bitte, habt Ihr das wirklich nötig?

Menschen allerdings, die später unser System nachahmen wollten, hatten damit Schiffbruch erlitten, indem der hoffnungsfrohe Nachwuchs tief in die Kasse griff, um sich mit teuren Markenkleidern einzudecken, und weg war das Geld. Vielleicht war es der besondere Verlauf des Schicksals gewesen, durch den unsere Kinder schon früh zu einem geschärfteren Verantwortungsgefühl fanden.

Die Methode hat viel an Arbeit erspart, die sie im Alleingang erledigten, besser als man selber es gekonnt hätte. Bei Kleidern kannten sie sich schon bald aus in den Brockenstuben, den Second-Hand-Läden, in denen sie originelleres Outfit fanden, als manche in exklusiven Boutiquen. Was nicht passte, wurde von ihnen auf der Nähmaschine bearbeitet. Sie kümmerten sich selber um Bücher, Schulsachen, Hygiene, Freizeitaktivitäten und dergleichen.

So waren die älteren Mädchen dabei, sich ihr eigenes Leben zu erobern, doch sie verhalfen auch mir manchmal zu ein paar Tagen Aus-Zeit in den Bergen. Bei meiner Rückkehr war immer alles in Ordnung. Sie hatten liebevoll zu ihren kleinen Geschwistern geschaut.

So konnte ich dann anderen gegenüber die Überzeugung vertreten, das Leben mit sieben Kindern wäre fast einfacher als nur mit einem oder zwei. Sie halfen einander, auch wenn sie zuweilen nichts anderes taten als stundenlang Verstecken zu spielen, wobei an der Geräuschkulisse im ganzen Haus mitzuerleben war, wie erfolgreich die Versuche waren, sich gegenseitig auszutrixen.

Wir begannen jeden Morgen mit einem gemeinsamen Gebet und ließen den Tag, wenn es möglich war, ebenso ausklingen. Der Mittelpunkt unseres Lebens war der große Tisch, an dem wir alle Platz hatten, einschließlich der

Gäste, die uns zu Zeiten besuchten. Wir trafen uns zu den Mahlzeiten, bei denen wir Gelegenheit hatten, uns gegenseitig wahrzunehmen und die Vorkommnisse des Tages zu verhandeln.

3. Passion eines Mädchens

Wir freuten uns auf die Sommerferien, auf ein Leben in der freien Natur, wenn wir unterwegs waren mit unserem Fahrzeug, auf abgeernteten Feldern übernachteten und im frischen Tau des ersten Morgens erwachten, an Waldrändern blieben und an Bachläufen, abseits aller Betriebsamkeit, auf kleinen Nebenstraßen ohne Eile quer durch die Landschaft und zurück, mit gelegentlichen Wind- und Regennächten, die wir im Fahrzeug und unter Segeltuchplanen überwetterten, bis dann am Morgen die Sonne kam und uns trocknete. Einen Sommer lang waren wir so unterwegs gewesen.

Im Jahr darauf hätte nichts dagegen gesprochen, die Übung zu wiederholen. Doch wir kamen nicht in die Gänge, eine allgemeine Lustlosigkeit hatte sich breit gemacht. Ich selber lebte mit chronischen Beschwerden, die nie genau identifizierbar waren. Doch das waren Kleinigkeiten im Vergleich zu dem, was auf uns zukam.

Es traf Melanie, die zweitälteste Tochter,

flink und intelligent, die gern lachte und einem Schabernack nicht abgeneigt, aber auch allzeit hilfsbereit war. Wir sahen sie noch vor uns, wie sie war, als wir im Vorderjahr einmal an ein altes Gemäuer gekommen waren, eine Kapelle, verbarrikadiert und zugenagelt.

Das Mauerwerk hatte aus roh zusammengefügten Bruchsteinen bestanden und Melanie fing an, senkrecht daran emporzuklettern. Im Giebel war eine Fensteröffnung und oben angekommen, legte sie sich auf den Sims und schaute hinein. Dann setzte sie sich aufrecht, ließ die Beine baumeln und spuckte auf uns herab. Wir wollten wissen, was denn nun darinnen zu sehen sei, aber sie fand, wir sollten mal schön selber hochkommen.

In dem Sommer, als wir uns zu nichts aufraffen konnten, bekam sie Kopfweh, aber wer hat das nicht ab und zu? Dann fing sie an zu schielen und sah Doppelbilder. Erste Abklärungen ergaben eine Aduzensparesie. Nie gehört. Übersetzt war das eine Augenmuskellähmung und sie bekam einen Termin für die neurologische Abteilung des Unispitals, des Universitätskrankenhauses.

Sie war sehr selbstständig mit ihren 15 Jahren und ging allein zu der Untersuchung.

Am nächsten Tag wurde uns nach der Auswertung offiziell das Ergebnis mitgeteilt: Irgend ein kleiner Infekt im Kopf, kein Grund zur Besorgnis, geht vorbei.

Es ging nicht vorbei. Die Kopfschmerzen steigerten sich, dass sie sich im Bett wälzte. „Ich habe doch noch gar nicht gelebt", stöhnte sie und es hörte sich an, als ob sie auch gar nicht mehr damit rechnete. Sie bekam Schmerzmittel, doch nach kurzer Zeit gab es keine Wirkung mehr, auch nicht bei Überdosis. Sie schrie und wimmerte die Nacht hindurch und klammerte sich verzweifelt an mich. Am Morgen fuhren wir in die Notfallaufnahme des Unispitals.

Auf der Fahrt jedoch saß sie locker und entspannt neben mir, als ob wir zusammen einen Stadtbummel machten. Auf der Notfallstation schienen sie einen ähnlichen Eindruck von ihr zu haben. Wieder wurde ein Programm an Untersuchungen abgespult, aber es kam nichts dabei heraus. Wahrscheinlich ein etwas heftigerer Anfall von Migräne, vermuteten sie. Wobei offen blieb, was Migräne mit einer Abduzensparesie zu tun haben sollte.

Wir waren zuhause und in den Nächten fing es wieder an. Melanie musste durch einen Abgrund an Schmerzen. Man hörte ihre Schreie bis ins Nachbarhaus. Ich telefonierte mit dem

Unispital, wurde richtig verbunden, geriet aber trotzdem an die falsche Adresse: „Wir haben Ihnen doch gesagt, es ist Migräne!" Für solche Bagatellen waren sie nicht zuständig. „Fragen Sie den Hausarzt!"

In den Tagen, die folgten, kamen wir alle an unsere Grenzen, Melanie, ihre Geschwister und ich. Wir konnten sie nicht einmal bewegen, ohne dass sie schrie. Einfache Dinge wie Wasser lösen wurden zu fast nicht mehr zu bewältigenden Problemen. Bei dem Gedanken, sie wieder ins Unispital zu bringen, sah ich uns schon abtransportiert in die Psychiatrie, gleich von der geschäftigen Eingangshalle aus, ein wimmerndes Bündel Mensch und mich mit.

Es blieb nichts übrig, als sie in das kleine Regionalspital einweisen zu lassen, das in der Nähe lag, obwohl vollkommen unklar war, ob sie dort helfen konnten. Eigensinnig weigerte Melanie sich, mit der Ambulanz abgefahren zu werden. Sie nahm ihre ganze Kraft zusammen, biss die Zähne aufeinander, umklammerte mit beiden Armen meinen Hals und ließ sich zentimeterweise bewegen bis zu unserem vor die Küchentür gefahrenen Kleinbus, wo sie auf eine Liegefläche glitt.

Im Spital war der behandelnde Arzt jung und

zuvorkommend. Er bat mich schon bald zu einem Gespräch und hatte auch seine Diagnose parat: Migräne. Er hatte sie sich einfach vom Unispital durchgeben lassen. „Wir müssen das Mädchen erst einmal von ihren Schmerzen trennen", sagte er. Im Klartext hieß das: Ruhigstellung mit Psychopharmaka! Die angemessene Behandlung bei ausgerasteten Patienten. Mir stiegen die Haare zu Berge.

Unsere Retterin war eine ältere erfahrene Krankenschwester. Sie hatte Melanie in ihre Obhut genommen und die Symptome erschienen ihr so untypisch, dass sie dem jungen Arzt die Psychopharmaka wieder ausredete. Sie wollte ein MRT abgewartet haben, für das nach einigem Zögern – damals gehörte es noch nicht zur Standarduntersuchung – ein Termin erteilt worden war.

Das MRT fand wieder im Unispital statt. Danach kam alles an den Tag. Melanie saß schluchzend im Nebenraum; sie hatte nur einen Blick auf mein Gesicht werfen müssen, das mir außer Kontrolle geraten war, und wusste Bescheid. Der zuständige Arzt schaute auf seine Fingernägel und sagte: „Wir wissen nicht, was wir dem Mädchen noch zu bieten haben."

Es war ein Hirnstammgliom. Ein Tumor, der im Zentrum des Lebens, in dem die Nerven für die Bewegungen der Glieder ihren Ursprung hatten, das Gewebe diffus infiltrierte. Das Geschwulst war inoperabel. Trotzdem musste sofort eine Notfalloperation gemacht werden, um unter Durchstoßung des Gehirns einen Abfluss nach außen für das ständig neu entstehende Hirnwasser zu schaffen, das ihr den Schädel zu sprengen drohte, einen Shunt.

Melanie war in Lebensgefahr; der Tumor hatte die natürlichen Abflusswege blockiert. In den vergangenen Tagen hatten sich diese Passagen manchmal wieder geöffnet, wodurch eine schlagartige Besserung eingetreten war. Aber damit konnte nicht länger gerechnet werden.

Nach der Operation entspannte sich die Situation. Doch dann kam das Treffen mit dem Spezialisten, der die weitere Behandlung übernahm. Von Optimismus und Abfedern keine Spur. Knallhart rechnete er anhand von Statistiken vor, was zu erwarten war: ein paar wenige Prozente an Überlebenschancen, mit anderen Worten Null. Therapiert würde trotzdem: Chemo- und Radiotherapie in exzessiver Dosis, weil Melanies junger Körper noch aushielt, woran Erwachsene schon zugrunde gingen. Der Körper sollte mit Zellgiften überschwemmt werden, um eine winzige Zone im Gehirn zu erreichen. Es war offensichtlich, dass niemand an Erfolg glaubte, es ging nur noch um ein Experiment. Ich wollte nach anderen Möglichkeiten suchen.

Es war nicht viel zu finden, auch nicht in der Alternativmedizin, wo man sich lieber nicht mit dem Fall befassen wollte. Doch ich wehrte mich gegen das, was mit Melanie geschehen sollte und wurde deshalb mit ihr aus dem Spital verwiesen.

Es waren schöne Herbsttage, die wir zusammen zuhause erlebten. Melanie lag auf der Terrasse in der Sonne und sah ihren kleinen Geschwistern zu, die alles heranschleppten, was sie sich nur hätte wünschen können. Wir alle waren bei ihr in jeder freien Stunde und jeder hatte ihr etwas Liebes zu sagen. Eine massive Cortisontherapie hätte sie eigentlich vor einer akuten Verschlechterung schützen sollen, doch nach einiger Zeit entwickelte sich ein Hirnödem. Sie musste zurückgebracht werden ins Unispital. Andere Ärzte waren zuständig und sie wurde erneut aufgenommen.

Melanie war so elend, dass Chemotherapie kein Thema mehr war. Ersatzlos gestrichen. Die Radiotherapie dagegen, der Einsatz aggressiver Strahlung, sollte durchgeführt werden. Es gab keine Gesichtspunkte dazu, um sich selber ein Urteil zu bilden. Ich musste alles mit ihr geschehen lassen.

Zwei Monate später, als die Tortur an ihr vollzogen war, lag Melanie da und gab kaum noch ein Lebenszeichen von sich. Sie war in die Kinderabteilung verlegt worden und lag allein in einem Zimmer, das Plexiglaswände hatte, durch die Tag und Nacht Licht fiel und Kassettenmusik tönte. Bei Visiten hörte man rechts und links die fröhlichen kleinen Scherze und Ermunterungen der Ärzte an die Adresse der jungen Patienten. Wir in der Mitte wurden übergangen.

Wir waren informiert worden, dass man nichts mehr zu „bieten" hatte. Melanie erbrach schwarzgrüne Galle, derilierte von Zeit zu Zeit und ihre Atmung ging seltsam rasselnd, als wollte sie ganz aussetzen. Es war, als ob sie starb. Ich hatte nur den einen Wunsch, sie aus dieser Umgebung wegzubringen, in der ihr wie in einen defekten Mechanismus über Infusionen Elektrolyte, Antibiotika, Schmerzmittel und Substanzen, von denen ein Laie nie gehört hatte, eingefüllt wurden. Die Behandlung war perfekt, aber von ihr als Mensch blieb nichts übrig dabei.

Sie konnte in eine Privatklinik verlegt werden. Auf der Autobahn musste das Ambulanzfahrzeug auf offener Strecke halten, um eine

Schale mit Erbrochenem auszuleeren. Draußen ging der tosende Verkehr. An den unter der Decke schaukelnden Infusionen vorbei versuchte sie, einen Blick auf die Außenwelt zu erhaschen. Ihr Lebenswille war noch nicht ganz gebrochen.

Am neuen Ort wurde Melanie mit einer liebevollen und aufwendigen Pflege wieder zurück ins Leben geholt. Aber eine durchgreifende Änderung ihres Zustandes trat erst ein, als die Behandlung mit Cortison wieder aufgenommen wurde. Zu Beginn, im Unispital, war es in hoher Dosierung gegeben, später aber wegen befürchteter Komplikationen abgesetzt worden. In der Klinik wurde es nun in einer moderaten Dosis wieder verabreicht. Es wirkte, auch wenn damit vermutlich nur die letzten Reserven des Körpers aktiviert wurden.

Gegen das Wachstum des Tumors und die fortschreitenden Lähmungen konnte damit nichts getan werden. Und doch war die alte Melanie wieder da mit ihrer Wissbegierde, mit ihren zarten Seiten und auch mit ihrer Respektlosigkeit.

Lange hatten wir gekämpft um jeden Schluck, den sie selber trinken, um jeden Bissen, den sie essen sollte. Aber all die guten

Sachen waren nur mir zugute gekommen, der ich mich ebenfalls in ihrem Zimmer hatte einquartieren dürfen und Tag und Nacht bei ihr blieb. Jetzt auf einmal sagte sie ungerührt: „Kuck mal, wo du für dich was herkriegst", und aß alles selber auf. Cortison ist als hochgradig appetitanregend bekannt.

Sie konnte jetzt aufrecht gesetzt werden und versuchte wieder zu zeichnen. Als letztes Bild entstand ein Baum, der seine knorrigen Äste über einen Abgrund streckte, an dem ein Weg entlang lief. Doch die Feinmotorik ihrer Hand war so reduziert, dass sie entnervt aufgab.

Meine Dauerpräsenz mochte vielleicht dem Pflegepersonal wie das Verhalten einer besorgten Glucke erscheinen. Aber so war es nun mal. Bald schon konnte Melanie sich überhaupt nicht mehr bewegen, die Lähmung war vollständig. Sie musste, wenn das Liegen qualvoll wurde, jede Stunde umgelagert werden – Tag und Nacht, nonstop. Wer konnte das besser als jemand, der rund um die Uhr anwesend war.

Was noch mehr ins Gewicht fiel für ihren wissbegierigen Geist, war meine Aufgabe als Gesprächspartner und Büchervorleser. Es war ein respektabler Stapel, den sie anzuhören gedachte. Unter diesen Umständen hatte die Familie aufgelöst werden müssen; ohne eigenes

Fahrzeug war unser Haus kaum erreichbar. Es stand leer und verwaist und die Kinder waren untergebracht bei befreundeten Menschen.

Der Winter war mild. Melanies Zustand blieb stabil, obwohl sie gelähmt war an allen vier Gliedmaßen. Eine Krankenschwester kam auf den Gedanken, sie in einen Rollstuhl zu setzen für einen Spaziergang, sicher angegurtet. Danach freute sich Melanie schon auf das nächste Mal. Doch das Pfegepersonal hatte auch anderes zu tun als spazieren zu gehen und so war die Reihe an mir.

In unseren Kleinbus ließ sich eine Vorrichtung einbauen, mit der der über eine Rampe hineingeschobene Rollstuhl sicher arretiert werden konnte. Wir gingen auf unsere Spaziergänge, wechselten ein paar Quartierstraßen weiter in das dort geparkte Fahrzeug und waren unterwegs über Berg und Tal.

An lauschigen Waldrändern ließen wir uns eine schon etwas wärmende Wintersonne ins Gesicht scheinen und holten unsere Leckerbissen aus den Manteltaschen. Wenn wir nach solchen Tagen abends zurück waren und sie einschlief, oft von einer Sekunde auf die andere, sah sie ganz glücklich aus.

Ob wir gedurft hätten, hatten wir vorerst gar

nicht gefragt, und deswegen gab es auch Ärger nach einiger Zeit. Aber nur moderat und nett formuliert. Man hatte ja Verständnis, aber der ausgefeilte Pflegeplan der Schwestern geriet durcheinander durch unser langes Ausbleiben.

Er geriet auch durcheinander durch die exzessive Dauer unseres Frühstücks. Wir hatten uns immer so viel zu erzählen, bis dann doch die Schwestern hereinmarschierten und mich hinaus komplimentierten.

Es war im Einverständnis mit den Ärzten, dass wir nach drei Monaten den Gedanken fassten, Melanie zu uns nach Hause zu nehmen. Die Zusicherung, jederzeit wiederkommen zu dürfen falls nötig, machte alles viel leichter. Eine medizinische Pflege konnte organisiert werden, die Geschwister kamen aus allen Himmelsrichtungen zurück und als Melanie gebracht wurde, war ihr Krankenlager der Mittelpunkt des Familienlebens.

Je mehr ihr Körper verfiel, desto wacher wurde ihr Geist und es wird nicht nur mir so gegangen sein, dass diese zweieinhalb Monate, die wir noch beieinander sein durften, nicht nur als eine schwere, sondern auch als eine lichtüberglänzte Zeit in Erinnerung geblieben ist.

Melanie war wach bis zur letzten Stunde. Zwei Tage vorher hatte sie mich noch überrumpelt mit der Frage: „Wie ist es, wenn man stirbt?" Und in ihren kritischen Augen war zu lesen, dass ihr mit Wischi-Waschi-Antworten nicht gedient war.

Überhaupt war ihr auch der Humor nicht ganz abhandengekommen. Ich hatte sie zum Beispiel zu trösten versucht, ich würde gerne mit ihr tauschen, wenn das ginge; man hatte ja schon alles Wesentliche erlebt in seinem Dasein. Wie ernst es einem dann wirklich damit war, ließ sich allerdings nicht unter Beweis stellen.

Als mir dann beim Möbelrücken etwas Schweres auf den Fuß krachte, der Nagel der großen Zehe halb abriss, das Blut heraustropfte und ich auf einem Bein im Raum herumtanzte mit einem Gesicht wie mit einer heißen Kartoffel im Mund, da schüttelte es sie vor Lachen, so gut Schütteln eben ging bei einer vollständigen Lähmung, und es war zu hören, wie sie deutlich sagte: „Ich würde ja sooo gerne tauschen mit dir."

Wir bahrten Melanie zuhause auf für die drei Tage bis zur Bestattung, wie wir es auch bei ihrer Mutter getan hatten. Der Raum war mit Blumen überstellt und Kerzen brannten. Menschen, die sich uns verbunden fühlten, kamen und wer mochte, setzte sich, ging zurück in

seinen Erinnerungen und hing seinen Gedanken nach.

Melanies Mitschüler kamen, um Abschied zu
nehmen und saßen im Kreis um ihre ehemalige
Kameradin. Wir erzählten von den Stationen
des Weges, den sie gegangen war und von
ihren Gedanken und Empfindungen. Wohl niemand ging nach den Stunden bei uns nicht
nachdenklich nach Hause.

In den Nächten blieb ich in ihrem Zimmer,
wie in der Zeit, als sie jede Stunde hatte
umgelagert werden müssen. Ich las in ihrem
geheimen Tagebuch, das sie, solange es ging,
geführt und mir dann anvertraut hatte …

4. Schranken und Grenzen

In der Rolle von Vater und Mutter gleichzeitig zu sein, war nicht ganz einfach. Man konnte eben nicht zweistimmig singen alleine. Eine Binsenwahrheit, aber es war, wie es war: Auch bei vollem Einsatz würde immer etwas fehlen.

Die Kinder kamen in ein Alter, in dem sie wach die Ereignisse der Außenwelt verfolgten und misstrauisch wurden gegen die allgegenwärtigen Tendenzen, sie zu vereinnahmen für kommerzielle Zwecke und ideologische Ausrichtungen. Aber da die Werbestrategen und Sozialfachleute das wussten, entwickelten sie auch gleich trendige Gegenkonzepte, die bei Heranwachsenden das Gefühl entstehen ließen, die neue Generation zu sein, die den alten Muff hinter sich ließ.

Kinder konnten gespannt die Ohren spitzen, wenn sie Erwachsenen zuhörten, die untereinander am Küchentisch mehr oder weniger Weltbewegendes besprachen, und ein innerer Führer half ihnen, das herauszufiltern, was sie für ihre eigene suchende Seele brauchten. Aber dazu musste man mindestens zu zweit sein. Versuchte man im Alleingang, Werte des Lebens zu vermitteln, die nicht dem Zeitentrend entsprachen, konnte man schnell auf Ablehnung stoßen, wenn nicht die richtigen Worte gefunden wurden. Das Ganze bekam zu schnell den Geruch von Moralpredigt und wer ließ sich schon gerne indoktrinieren.

Erschwerte Bedingungen also für Alleinerziehende. Als Mann hatte ich zudem in erster Linie für den äußeren Rahmen zu sorgen; aber das, was darüber hinaus eine liebevolle Mutter für ihre Kinder tat, um ihre Herzensbildung anzuregen, war für mich ein Ideal, dem nachzuleben ich nur versuchen konnte, ohne es je zu erreichen.

Immerhin trafen wir uns jeden Tag, wie wir es stets getan hatten, tauschten uns aus über Vergangenes und erwogen das Zukünftige. Für die Kleinen gab es weiterhin die Gute-Nacht-Geschichten von Schneewittchen oder Dornröschen. Und wenn der Tag nicht ganz rund gelaufen war, dann hatte eben auch Dornröschen ihre Trotzphase gehabt, bei der wir nachforschten, ob sie sich wohl deswegen in den Finger gestochen hatte, weil sie unartig gewesen war. Bis zum Schluss alles sich geglättet hatte und die Beteiligten friedlich einschliefen.

Eine Vase ging zu Bruch, ein liebes Erinnerungsstück. Sie hätte nicht mehr benutzt werden sollen, aber nun lag sie in Scherben am Boden. Wer war das gewesen? Niemand, wie sich herausstellte, oder Unbekannt. Allerdings war bei der Option „Unbekannt" die mögliche Täterschaft nicht besonders zahlreich. Die älteren Mädchen waren auswärts und der Rest ließ sich an den Fingern abzählen. Das Wochenende lag vor uns ohne besonderen Verpflichtungen: die Gelegenheit also zu einem pädagogischen Experiment?

Wir befanden uns im großen Kinderzimmer. Unbemerkt hatte ich eine Packung Zwieback und eine Flasche Wasser zur Seite gestellt und machte es mir dann am Boden bequem.

„Wir wollen aber raus!", sagten sie.

Meinetwegen. Sollten sie, niemand hatte etwas dagegen.

„Du sitzt aber genau vor der Tür!"

Ach ja? War mir gar nicht aufgefallen. Aber wenn man nun schon mal so gemütlich dasaß, wollte man ja nicht gleich wieder aufstehen.

„Ach Mensch! Geh doch mal weg da!"

Ging aber nicht. Mein Bein – autsch, es ließ sich gar nicht mehr richtig bewegen. Außerdem würde die Türe sowieso nicht aufgehen.

„Warum denn nicht?"

Ich hatte die starke Vermutung, die Türe würde erst dann wieder aufgehen, wenn wir herausfanden, warum die Vase kaputt gegangen war.

Schweigen. Seufzend ergaben sie sich in ihr Schicksal und suchten ihre Farbstifte hervor, um etwas zu malen. Nach einer Weile: „Das ist aber langweilig!"

Wieso das denn? Sie hatten doch ihre schönen Bilderbücher! Ich hatte ja auch ein spannendes Buch dabei und es schon immer mal in aller Ruhe lesen wollen. So dick wie es war, würde es bis morgen früh langen.

Sie schauten mich betroffen an, aber es war, wie es war, erst die Vase, dann die Tür auf. Sie merkten, dass sie sich wohl doch auf eine längere Aktion gefasst machen mussten.

Irgendwann hatten sie ein Anliegen: „Ich muss mal Pippi machen! Wir wollen aufs WC."

WC? Hatten wir doch gar keines. Das war ein Plumpsklo! Ein Nachttopf würde es genauso gut tun und der stand unter dem Bett. Ein Eimer war auch irgendwo.

„Ach Mensch!", tönte es wieder an meine Ohren, aber seltsamerweise kam das gar nicht mehr richtig an. Wurde ich schon langsam schwerhörig? Der Tag war schon ziemlich weit fortgeschritten. Was wollten sie also um diese

Zeit noch draußen? Es würde bald dunkel sein.

„Kuckt mal, unser Büssi!", sagte eine. Richtig, die Katze saß draußen auf der Fensterbank und verstand nicht, warum sie nicht rein oder die Kinder nicht raus durften. Heute nicht. Die sollte mal ruhig draußen bleiben und Mäuse fangen!

„Wir haben jetzt aber Hunger!", war der nächste Versuch. Doch dafür war vorgesorgt, die Packung Zwieback konnte aufgemacht werden. Zu trinken hatten wir ebenfalls, frisch aus dem Wasserhahn, lecker! Und wer wusste übrigens, warum die Vase kaputt gegangen war? Immer noch niemand.

Die Zeit zog sich hin. Es wurde dunkel. Das Sitzen an der Tür wurde mühsam, aber die Sache wollte nun mal durchgestanden sein. Ich angelte nach einem Kissen und einer Decke. Bequem war das nicht besonders.

Die anderen hatten ihre Kinderbetten und begaben sich zur Ruhe. Im Einschlafen gab es noch die Geschichte von den sieben Zwergen und dem schönen Schneewittchen, die von der bösen Hexe vergiftet worden war und das alles nur, weil sie nicht die Wahrheit hatte sagen wollen.

Erquickende Nachtruhe ging anders, aber irgendwann wurde wieder Tag und die Morgensonne schien sogar. Die Amseln zwitscherten draußen vor dem Fenster und der Tau glitzerte auf allen Blättern. Schade. Es würde herrlich sein, barfuß draußen durch das frische Gras zu laufen. Jetzt hatten wir nur noch 24 Stunden, bis das Experiment abgebrochen werden musste, weil dann Schule war.

Aber so weit kam es doch nicht. Die Kinder streckten ihre Strubbelköpfe aus den Federn und eines – ich hatte natürlich schon von Anfang an gewusst, welches – sagte: „Ich, ähh … "

Ja?

„Ich glaube – ähh, ich bin das gewesen."

Echt? Wirklich? War sie ganz sicher? – Ja, sie war.

Ja super, Experiment gelungen! Ich rappelte mich auf mit meinen alten Knochen und die Türe ließ sich tatsächlich öffnen. Problemlos sogar. Juddihui! Wir konnten alle zusammen wieder raus in den neuen Tag und sie rannten gleich los.

Weitere Worte, geschweige denn Vorwürfe, waren nicht erforderlich. Was hatte gelernt werden müssen, war ohne Worte gelernt worden und Unaufrichtigkeiten waren kein Problem mehr.

Allerdings war nicht sicher, ob der erwünschte Effekt nicht in sein Gegenteil umgeschlagen wäre, hätte man die Geduld verloren oder gar die Nerven. Wenn die Partie mit Krach und Schimpfen ausgegangen wäre, wäre den Kindern mit der ganzen Aktion kein guter Dienst erwiesen worden.

Zwischen dergleichen Vorkommnissen und ihrer späteren Aufzeichnung lag eine Zeit von rund drei Jahrzehnten und die betreffende Nachkommenschaft meldete beim Lesen Vorbehalte an: Ja Hallo! Ganz rund wäre das damals auch nicht immer über die Bühne gegangen! Es hatte doch da bestimmte Vorfälle gegeben, von wegen Nerven verlieren, oder etwa nicht?

Leider. Sie hatten Recht. Auch mir waren die Nerven durchgegangen. Mea culpa. Doch was ließ sich da noch tun nach so langer Zeit? Teres war noch dabei gewesen. Wie in einer Ahnung, dass sie einmal nicht mehr das ausgleichende Element würde sein können, hatte sie mir den Rat gegeben, keine Brücken in die Zukunft hinein abzubrechen. Auch meine Kinder würden einmal erwachsen sein und mich an meinem Verhalten messen.

Doch was passiert war, ließ sich nicht mehr ändern und mit der Erziehung war es eh schon lange vorbei. Vielleicht machten andere es besser. Immerhin hatte ich aus Fehlern gelernt.

Und auch Teres hatte ich nicht vergessen. Ob es gelungen war, nach ihrem Rat zu handeln, war eine andere Frage. Aber immer hatte ich ihr Bild vor Augen gehabt. Als sie von uns ging, war sie es gewesen, die mich getröstet hatte: Du wirst es schon schaffen, du hast es doch bis jetzt gekonnt …

Nach unserer vielstündigen Aktion damals schaute auch meine Seele hoffnungsfroh in den jungen Morgen. Die Kinder hatten zu tun, sammelten ihre Katzen ein, um sie ausgiebig zu streicheln, holten ihre Rollschuhe und kleinen Fahrräder oder schauten bei den Kaninchen vorbei, ob es Junge gegeben hatte.

Ich selber begab mich in unserere Gemüsepflanzung. Wo im Frühling noch alles kahl gewesen war, wuchsen jetzt Sonnenblumen und Stangenbohnen wetteiferten, wer am höchsten kam. Bei den Zwiebeln und Karotten wartete das Unkraut, ausgerupft zu werden und im Fenchelkraut fraßen sich die Raupen gemächlich vorwärts, um sich zu prächtigen Schmetterlingen zu entwickeln von der Gattung der Schwalbenschwänze.

Nach dem Hacken und Jäten streckte ich mich lang aus auf ein abgeerntetes Beet und ließ mir die Sonne auf den Pelz scheinen. Aus meiner Position waren die Radieschen von Nahem zu sehen und man konnte seinen Gedanken nachhängen.

Ein unbeteiligter Zuschauer hätte sich fragen können: „Was macht der eigentlich da am heiter-helllichten Tag? Hat der nichts Besseres zu tun?" Mir aber war das gut genug, was ich tat. Es war zwar keine besondere Knochenarbeit im Moment, aber ein Einsatz rund um die Uhr. Ich beobachtete die Kohlköpfe, die eine gute Ernte versprachen und die Tomaten.

Tomaten! Eigentlich sahen auch sie ganz propper aus. Doch von alleine war das nicht gekommen! Man hätte sie nur vergessen müssen, wie mir das einmal geschehen war, und sie gingen ihre eigenen Wege mit ihrer überschießenden Vitalität. Endloses Wuchern schien ihr Lebenszweck zu sein.

Zu Beginn wollten sie noch in die Höhe, aber das war ihnen bald zu mühsam. Sie legten sich auf die Seite und krochen am Boden entlang, die Stängel wuchsen über- und untereinander und schlussendlich war dort ein kleiner Berg immer neuer Triebe. Und dann über Nacht waren die Fruchtansätze dagewesen und über und über bedeckten sie den ganzen Blätterhügel mit einem Flor gelber Blüten. Ach wie schön! Ein Anblick, der das Herz erfreute.

Nur – wenn man dann auf die Früchte hoffte, konnte man lange warten: auf den Sankt Nimmerleinstag. Wenn sich tatsächlich Früchte bildeten, sanken sie durch ihr eigenes Gewicht unter die wuchernde Blattmasse, sahen keine Sonne mehr und moderten im Dunkeln vor sich hin. Und dann ein kräftiger Regenguss und die ganze Pflanze moderte, bis sie nur noch eine unansehnliche Rotte war.

So also nicht! Als erstes hatte jede Pflanze ihren eigenen Pfosten bekommen, an dem sie immer schön gerade in die Höhe wachsen durfte. Das sah schon ganz anders aus. Und dann wurde abgezwackt! Alle Triebe, die wuchsen, wo sie nicht hin gehörten – knipps! Einige durften stehen bleiben, machten ihre eigenen Triebe und das Zwacken ging von vorne los.

Bis dann die Pflanze schon eine ziemliche Höhe hatte, sich überall die Fruchtansätze zeigten und es endlich genug war. Da fielen auch die restlichen Triebe der Gartenschere zum Opfer. Sie hätten nichts mehr gebracht, die Pflanze hatte voll zu tun, das Vorhandene ausreifen zu lassen und das Ergebnis war, zu gegebener Zeit, ein Segen sonnengereifter, roter Früchte. Lecker!

Das Abzwacken also hatte es gebracht. Konnte es sein, dass sich ein wenig Abzwacken auch in anderen Lebenslagen als hilfreich erweisen würde?

Die lieben Kleinen hatte ich vor Plastikspielzeug und ähnlichem bewahren können. Besucher kannten das schon und hatte es mal jemand vergessen, war es schnell entsorgt. Trotzdem war unglaublich, was Kinder alles so sammelten und in ihre Spiele integrierten.

Sie fanden ihr Sammelgut im Wald und in meiner Werkstatt, nagelten und sägten, ihre Besitztümer vermehrten sich auf wundersame Weise und sie durften sich aus der Stoffkiste ihrer älteren Schwestern bedienen, die ihre Secondhand-Kleider umänderten und für ihr eigenes Outfit sorgten. In abgelegenen Rumpelkammern des Hauses war uraltes Kleinmobiliar zu entdecken. Körbe, Kisten und Kästen samt ihren undefinierbaren Inhalten – alles konnten sie gebrauchen.

Irgendwann wurde die Sache bedenklich und erinnerte an eine Trödelhandlung. „He, ihr müsst mal wieder aufräumen und aussortieren!", war mein Versuch, die Sache zu steuern. Aber das brachte nicht viel, ihre Betten waren umgeben mit Gegenständen, die alle ungeheuer kostbar und unentbehrlich waren. Man stolperte darüber, weil niemand wusste, dass sie unbedingt gerade an dieser Stelle positioniert sein mussten. Irgendwann war das nicht mehr lustig, es langte! Würde Abzwacken eine Wendung zum Besseren bringen?

Eines Mittags kamen die Kinder zurück von Schule und Kindergarten und bei der letzten Wegbiegung, als das Haus in Sicht kam, brach das blanke Entsetzen aus: Die Terrasse vor den Wohnräumen war dicht an dicht überstellt mit Habseligkeiten, einschließlich Matratzen und Lampen. „Kuckt euch doch erst mal an, wie schön euer Zimmer jetzt aussieht!", versuchte ich, das große Wehgeschrei abzufedern.

Und wirklich! Beim Eintreten begrüßte uns die erhabene Schlichtheit des leeren Raumes, nur die Bettgestelle waren noch da. Wie groß er auf einmal war! „Also", gab ich den Tarif durch, „ihr dürft das alles wieder einräumen, aber was nicht mehr gebraucht wird, kommt in den Abfallcontainer!"

Dass es an diesem Tag etwas besonders Gutes zum Mittagessen gab, half die Situation zu entspannen. Die Welt sah schon wieder anders aus und den ganzen Nachmittag über herrschte emsige Betriebsamkeit. Am Abend war alles eingeräumt und der Container war auch voll von all den Überflüssigkeiten. Eine wunderbare Ordnung hatte sich ausgebreitet und als die Kinder mit einem Seufzer der Zufriedenheit in ihren Betten lagen, hatte ein schwieriger Tag doch seinen guten Abschluss gefunden.

Lange Jahre später ergab sich die Gelegenheit zu erleben, wie die gleiche Methode auf ältere Jugendliche wirkte. Die Fronten waren total verhärtet gewesen: Niemand hatte einem mehr etwas zu befehlen!! Sache war nur, dass noch andere Menschen am Ort wohnten und die Unordnung bis zur Unerträglichkeit aus dem bewussten Zimmer zur Türe herausquoll in die weitere Umgebung hinein. Der Fußboden war lückenlos bepflastert. Wie das soweit hatte kommen können, blieb eine Frage für sich, aber Abhilfe war dringend nötig. Ungezählte Ermahnungen waren ausgesprochen worden, mehrere Ultimaten wurden gestellt und verstrichen ungehört.

Und dann geschah es. Das Fenster befand sich im dritten Stock und ging auf die Straße. Standen unten geparkte Fahrzeuge? Nein. Was herum lag, praktisch alles, wanderte zum Fenster hinaus, bis der Fußboden leer war: Kleider, Bettzeug, Elektronik, Taschen, Kästen und Körperpflege.

Schwarze Gedanken und die Faust in der

Hosentasche waren das Ergebnis, aber die Botschaft war angekommen und die Lage entschärfte sich. Und Jahre später, nach vielen, auch bitteren Erfahrungen auf dem Weg des Erwachsenwerdens, war ein sachlicher Rückblick möglich.

Ja, der Fenstersturz damals war notwendig gewesen! Ohne den Zusammenprall mit der ungeschminkten Realität wäre der Schlendrian endlos weiter gegangen. Irgendwann hatte es gelernt werden müssen, so oder so. In der Erinnerung konnte man darüber sogar schmunzeln hinterher.

Aber das war eine Szene aus viel späteren Jahren. Die unmittelbare Gegenwart sah mich weiterhin bei dem Versuch, kleinen Kindern auf ihrem Weg ins Leben zu helfen, und größeren Rede und Antwort zu stehen bei den Fragen, die sich ergaben im Alltag.

Wenn wir uns abends bei den Mahlzeiten trafen und das Essen aus den Töpfen dampfte, hatte jeder etwas von den Tagesereignissen zu berichten. Eine Tochter sagte, und Empörung schwang mit in ihrer Stimme: „Die armen Minderjährigen dürfen aber nicht sexuell ausgebeutet werden!"

Hähh? Wo hatte sie das denn her? Etwa aus

ihrer Schule?

„Wir gehen demonstrieren!"

Bravo! Da gab es ja bestimmt wieder etwas dazuzulernen. Wie übrigens war das genau mit der Ausbeutung?

So richtig konnte sie das auch nicht erklären. Doch sie bekräftigte noch einmal: „Die dürfen nicht ausgebeutet werden!"

Ja sicher nicht. Aber wo passierte so etwas eigentlich? Hier, oder in der Schule?

„In …" Sie stotterte ein wenig, der Name war ein bisschen schwierig auszusprechen. Irgendetwas Östliches.

Wieweit östlich, blieb unklar. Irgendwo im Ausland, weiter weg wahrscheinlich. Wenn man mit dem Zug ging, würde man vielleicht ein paarmal umsteigen müssen. Aber auf jeden Fall durfte man jetzt schon einmal hinter der Fahne eines Aktionskommittees hermaschieren, das sich stark gemacht hatte in der Angelegenheit. Progressive Schulen der Stadt wollten klassenweise mitmachen.

Na vorbildlich! Ich nahm mir vor, einmal mit dem Lehrer zu reden, was er da machte mit Kindern in einem Alter, in dem sie die Dimension der Tragik, die sich dahinter verbarg, überhaupt noch nicht erfassen konnten. Hauptsache erst mal losmaschieren? Meine Eltern und

Großeltern hatten noch besondere Geschichten zu erzählen gewusst von Kindern, die hinter Fahnen hermaschieren durften. Da war es auch nach Osten gegangen.

Die Töchter, die die Ereignisse um sich herum mit Interesse verfolgten, diskutierten ihre Beobachtungen. Einmal waren sie tief empört: „Phahh! diese Männer!"

Hoppla, ging das etwa mich an? Doch sie zogen weiter vom Leder: „Freundinnen! Nein!! Unglaublich!" Sie mussten irgendein Familiendrama mitgekriegt haben, Patchwork-Familiendrama wahrscheinlich, mit turbulentem Ausgang. Meine Älteste fasste mich scharf ins Auge und sagte: „Wehe, du bringst mal eine Freundin mit, dann gehen wir! Im Ernst!" Ihre jüngeren Schwestern nickten dazu.

Mir ging das gegen den Strich. „Moment mal! Wer hat hier wen jemals mit einer Freundin gesehen?"

„Das nicht", mussten sie zugeben. Aber wenn!

Ich doch nicht! Hallo! Wie kamen sie eigentlich darauf?

„Männer sind eben so!" kam die Antwort.

Ach, – dann war ich entweder kein Mann, oder ich war eben doch nicht so.

„Aber du warst doch auch mal jung, du wirst schon deine Freundinnen gehabt haben!"

Mein Gewissen war rein. Nööö! Nicht die Bohne. Da waren nirgendwo Freundinnen.

„Glauben wir nicht!" riefen sie.

„Also zugegeben", lenkte ich ein. „Ich hatte eine. Aber die habt ihr doch besser gekannt als ich!"

„Nein, nicht d's Mueti", beharrten sie. „Vorher."

Vorher war aber nichts! Meines Wissens nicht. Jedenfalls nichts Richtiges.

Wir hätten noch diskutieren können, was „etwas Richtiges" eigentlich gewesen wäre und was nicht, aber schlussendlich blieb jeder bei seiner Aussage, ich bei meiner und sie bei ihrer, dass sie gehen würden, wenn.

Wohin sie allerdings gegangen wären, blieb offen. Das Erwachsenwerden kündigte sich zwar schon an, nur war es noch nicht ganz so weit. Aber was, wenn sie auf einmal fanden, dass sie mich nicht mehr gern hätten? Und nur noch als ein notwendiges Übel ansahen, dem sie so schnell wie möglich zu entrinnen trachteten? Sollte man sich nicht lieber doch anti-autoritär geben?

In meiner früheren Umgebung hatte ich, als

Außenstehender, genug Familienverhältnisse beobachten können, in denen die weitherum propagierte Antiautorität das neue Erziehungsideal war. Man wollte auf Augenhöhe mit seinen Kindern verkehren, man wollte ein Partner von ihnen sein und kein Befehlshaber. Man hatte sich selber auch nie gerne herumkommandieren lassen.

Also wurde alles nun besprochen und Entscheidungen wurden gemeinsam gefällt und so sollte der Mensch der Zukunft entstehen und das möglichst früh, kaum dass er der Wiege entwachsen war. Dachte man.

Seltsam war jedoch dieser unterschwellige Nörgelton der Eltern, wenn etwas nicht so lief wie gedacht. Beispielsweise bei der Frage: Gibt es heute Blumenkohl? Ab und zu Blumenkohl soll ja gesund sein, aber da gingen die Meinungen im Familienverband auseinander. Andere hätten lieber Schokoladenpudding gehabt.

Doch da man meinte, sich in einer gleichberechtigten Partnerschaft zu befinden, durfte das Problem nicht auf dem Befehlwege entschieden, sondern musste gemeinschaftlich aufgearbeitet werden: All die Vitamine im Kohl waren ja sooo essentiell für den menschliche Organismus und bei mangelnder Aufnahme resultierten daraus gesundheitliche Defizite und so weiter …

Da sich aber kleine Kinder oft etwas unein-
sichtig zeigten bei Erklärungen und Diskus-
sionen, dauerte es eine Weile, bis die Sache
entschieden war, in einem leicht gereizten Tonfall. War sie es dann, ging es bei der nächsten
Mahlzeit von vorne los.

In die gleiche Richtung zielten die vielen
Fragen. „Hättest du lieber ein Butterbrot oder
dein Müsli? Möchtest du Konfitüre oder eine
Scheibe Wurst? Willst du in deinem Zimmer
spielen oder wollen wir in den Garten gehen?"
Irgendwann hatte dann so ein kleines Wesen
den Eindruck, alle Entscheidungen ruhten auf
seinen Schultern, in einem Alter, in dem es noch
nicht überschaute, was sinnvoll war oder nicht,
und ihm nichts blieb, als sich die Antworten an
den Knöpfen abzuzählen.

Ich selber musste wohl noch zu einer alter-
tümlichen Art von Menschen gehören. Am
Esstisch gab es einfache Regeln: Gegessen wurde, was auf den Tisch kam, meistens jedenfalls.
Zu Beginn der Mahlzeit hatten alle gewartet,
bis jeder an seinem Platz saß und dann wurde
ein Tischgebet gesprochen. Niemand war mit
diesen Vorgaben besonders unglücklich.

Auch sonst war es förderlich für das Zusammenleben, wenn klare Regeln herrschten. Das Essgeschirr abwaschen, konnten auch kleinere Mädchen, jedes hatte so seine „Ämtli". Klappte es nicht ganz, musste man sich etwas einfallen lassen dazu, möglichst ohne Worte, denn die gingen eh nur zum einen Ohr hinein und zum anderen hinaus.

So konnte es passieren, dass beim Tischdecken zu den Mahlzeiten ein etwas unappetitlicher Teller mit angeklebten Essensresten bei jemandem auf dem Tisch stand, als kleine Gedächtnisstütze.

Sauberkeit war ein weiteres Thema, aber in einem alten Bauernhaus brauchte man nicht besonders pingelig sein. Unter dem weitausladenden Dach befanden sich auch die noch bewirtschafteten Stallungen für die Kühe und darüber die Scheune mit dem eingelagerten Heu. Fuhren sie mit dem Traktor eine Auffahrt dort hinauf und rangierten über unseren Köpfen, vibrierte das ganze Haus und der Staub rieselte von den Deckenbalken.

Das aber war weiter kein Problem, inzwischen war der Staubsauger erfunden. Man musste ihn nur manchmal in die Finger nehmen. Von Zeit zu Zeit bestand Handlungsbedarf und so ergaben sich weitere Aufgabenbereiche für alle.

Darüber hinaus war ich jedesmal angenehm berührt gewesen, wenn vor hohen Feiertagen unter der fachkundigen Anleitung der älteren Töchter aus eigenem Antrieb ein allgemeiner Hausputz stattfand, bei dem sie Besen und Putzlappen schwingend mit gutem Beispiel vorangegangen waren.

5.   Dauerthema Medien

Ich hatte seit je ein gespaltenes Verhältnis zu
den Medien. Hatte vielleicht eine zu hohe Dosis
abgekriegt als Kind, die allgegenwärtige Radio-
berieselung schon in früher Morgenstunde. Ein
weit verbreitetes Phänomen: Überall in der
Nachbarschaft quollen muntere Klänge aus den
Wohnungen. Es waren die großen Jahre der
Schlagermusik, der musikalischen Eintagsflie-
gen. Eine ganze Epoche wurde länderübergrei-
fend damit beschallt.

Noch nach Jahrzehnten, schon im gesetz-
teren Alter, hätte ich die Schnulzen fehlerfrei
heruntersingen können. Ich hasste sie, aber da
war nichts mehr zu machen. Sie hatten sich im
Gehirn eingebrannt wie auf einem Tonträger,
der nicht mehr zu löschen war.

Dann kam das Fernsehen. Auf den Hausdä-
chern entstanden ganze Antennenwälder. Als es
auch bei uns losgehen sollte, war ich noch
begeistert: Der Schornsteinfeger, der die Anten-
nen montierte, erlaubte mir, mit auf das Dach
zu klettern. Das war etwas! In luftiger Höhe,

über den Dächern der Stadt, eine ganz neue Perspektive, näher an Wind und Wolken.

Danach ging die Angelegenheit über in die tägliche Routine. Man saß nicht mehr um den Tisch, sondern frontal vor dem Bildschirm. Wind und Wolken konnte man nun auf dem Bildschirm anschauen. Oder auch die schönen Ansagerinnen; als Jugendlicher war man ja empfänglich für Schönheit, besonders wenn sie so appetitlich dargeboten wurde. Irgendwann aber ging es mir damit wie mit der „schönen" Musik und der Frage, was einem da wirklich vor den Augen und Ohren gaukelte.

Eine Gesprächskultur ging dabei verloren. Was Wunder, wenn bis Progammende nicht abgeschaltet wurde und man selbstvergessen nach den Resten der vor der Mattscheibe genossenen Abendmahlzeit in den Zähnen stocherte. Hatte man das Bedürfnis nach Stille, musste man, weil wir damals noch in beengten Verhältnissen lebten, die Wohnung verlassen.

Ob in lauen Sommernächten oder in bitterer Winterkälte, bei einem Gang durch die Wohnquartiere huschten in den Fenstern die geisterhaften Lichtschemen der Programme durch die Gardinen. War ich der einzige, der das abnormal fand? Es machte mir einen Nebel im Gehirn, mit dem ich doch, einem noch unbestimmten Gefühl folgend, etwas Besseres anfangen wollte.

Es musste in dieser Zeit gewesen sein, dass abartige Fantasien in mir aufstiegen. In stillen Stunden stellte ich mir vor, von wohlmeinenden Menschen mit einem Fernsehgerät beglückt zu werden. Ich würde es gemessenen Schrittes die Treppe hochgetragen haben bis in den dritten Stock und es dann feierlich mit beiden Armen zum Fenster hinaushalten. Und dann in die Hände klatschen!

Später im Leben ergab es sich tatsächlich manchmal, dass mitleidige Zeitgenossen mit dem Ansinnen an mich herantraten, mir einen Fernseher zu schenken. Wenn ich allerdings bildhaft ausmalte, was ich damit im Sinn hatte, nahmen sie wieder Abstand davon.

Auf die Länge konnte aber auch ich kein Medienmuffel bleiben, nur war es mein fester Vorsatz, das Angebot selektiv zu nutzen. Es gab durchaus Informationen, die hilfreich waren, sich im Lokal- oder Weltgeschehen zurechtzufinden, wenn man lernte, das Wesentliche herauszufiltern und den Rest zu ignorieren und aufzupassen, dass er sich nicht wie eine unverdauliche Schlacke in der Seele festsetzte.

Doch das Normale war die Dauerberieselung. Das fing an im Umkreis von Verwandtschaft und Bekanntschaft, wenn bei Besuchen auf den Kanälen die Programme weiterliefen und setzte sich fort in den Supermärkten, wo die Musikbeschallung nicht unbedingt das war, was zu meiner Erbauung beitrug, gleich wie in den Werkstätten und auf Baustellen, auf denen ich nach dem Eintritt ins Berufsleben zu tun hatte.

Früher hatten sich Arbeitgeber noch dagegen ausgesprochen, aber die Sache setzte sich durch, bis es endlich keine Arbeitsstelle mehr zu geben schien, wo nicht jeder es als sein gutes Menschenrecht ansah, morgens als erstes sein Radio möglichst laut an- und abends als letztes abzudrehen. Man konnte ohrenbetäubenden Maschinenlärm veranstalten, ohne dass sich jemand aufregte, aber schaltete man eigenmächtig nervige Radios der anderen ab, gab es einen Aufstand.

Doch hatte es Zeiten gegeben, in denen auch ich eingenommen war von den Möglichkeiten, die geboten wurden. Es war ja nicht die Musik selber, die ich ablehnte, sondern das Gefühlsmuster, auf das wir damit eingestimmt werden sollten, auf eine heillose Sentimentalität zum Beispiel in Epochen, die alles andere als sentimental waren. Oder auf die hämmernden Rhythmen einer Rock- und Beatkultur, die mir suggerierten, erst damit bei einem fetzig-aufgestellten Lebensgefühl angelangt zu sein. Irgendwann war der Punkt erreicht, sich innerlich davon zu verabschieden.

Doch damit alle auf ihre Kosten kamen, war bei der Unterhaltungsindustrie der Trend nicht versäumt worden und sie stellten ihre Produkte für jeden erdenklichen Geschmack zur Verfügung. Musik ist ein Urphänomen des Lebens und rührt, ob man will oder nicht, an die zutiefst verborgenen Saiten der Seele.

Das war auch bei mir so. Daher auch die Freude am Singen; ich sang gerne in der Badewanne. Doch dass man darüber hinaus Hände hatte, die es bei entsprechender Schulung bis zu der Beherrschung eines Musikinstrumentes brachten, war in meiner radioberieselten Jugend unbemerkt an mir vorbeigegangen. Also hatte man zur Technik gegriffen und saß mit Gleichgesinnten gesellig beisammen, um seine Seele per Knopfdruck an Klängen zu berauschen, die uns innerlich ergriffen, ohne dass wir recht wussten warum.

Möglichkeiten, günstig an die nötige Hardware zu kommen, gab es genug bei der rasanten technischen Entwicklung, wenn man zufrieden war mit älteren Modellen. So manche Hi-Fi-Anlage mit Radio, Plattenspieler, Verstärker plus Boxen und Tonbandgeräte, war abzugeben zum Nulltarif, weil veraltet. Die Dinge waren allerdings recht voluminös und es sammelte sich einiges an Gewicht an.

Als ich Teres kennen lernte, hatte sie eine ähnliche Entwicklung hinter sich und als wir unsere Habseligkeiten zusammenwarfen, um gemeinsam durchs Leben zu gehen, betraf das auch unsere Musiksammlung samt den dazugehörigen Geräten.

Es entwickelte sich jedoch eine Eigendynamik in unserem neuen Dasein, in der dafür kein Platz war. Es fehlte uns schlicht an Zeit. Die Welt der elektronischen Musik – und manches andere – wurde in Kisten verpackt und untergestellt. Wir hatten Wichtigeres zu tun.

Wir waren schon eine richtige Familie mit zwei herzigen kleinen Mädchen, als das Schicksal es einmal gut mit uns meinte. Eigentlich hatte das Schicksal es immer gut mit uns gemeint, aber das hatte sich nicht in äußerem Wohlstand zu Buche geschlagen. Wir hatten an verschiedenen Orten in beengten Verhältnissen gelebt und unsere Zeit war ausgefüllt gewesen mit Arbeit – und dann auf einmal durften wir ein großes Haus bewohnen mit viel Platz und Gelegenheit, sich auszubreiten.

Die untergestellten Habseligkeiten wurden herangekarrt und eines späten Abends saßen wir traulich beisammen, um uns an den musikalischen Kostbarkeiten zu erfreuen, die sich vor wer weiß wie vielen Jahren einmal angesammelt hatten. Alles war ordnungsgemäß installiert.

Teres musste als erste gespürt haben, dass etwas nicht ganz stimmte. Sie drehte sich um. Die Zimmertüre hatte sich einen Spalt breit geöffnet und zwei Augenpaare blickten ratlos und verdutzt hindurch, was das wohl werden mochte. Nicht, dass die Mädchen in einer Welt aufgewachsen waren, in der sie keine Konservenmusik kannten, aber dass sie das nun bei sich in den eigenen vier Wänden vorfanden, erschreckte sie. Uns schien es jedenfalls so. Auf leisen Sohlen, barfuß und in ihren Nachthemdchen, waren sie die Treppe heruntergeschlichen und jetzt standen sie da mit großen Augen und offenen Mündern.

Wir hatten die Musik abgestellt und die Kinder wieder zu Bett gebracht. Dann saßen wir uns gegenüber und schauten uns an. Das nun war also die Wirkung auf unverdorbene Gemüter! Was taten wir da eigentlich? Wir brauchten nur so weiterzumachen und die Kinder wären schnell an die Beschallung gewöhnt – sie, die sich so gerne Märchen und Geschichten erzählen ließen und den Klängen lauschten, die Teres auf ihrer Flöte hervorzauberte.

Am nächsten Morgen hatten wir unsere Gedanken geordnet und waren beide ohne vieles Reden zum gleichen Resultat gekommen: Unterhaltungselektronik – doch lieber nicht! Schluss damit und fertig.

Ein ganzer Kofferraum war es, mit dem wir die umfangreiche Hardware abtransportierten, zusätzlich zu Plattensammlungen, Kassetten und bespielten Tonbändern. Die Fahrt ging zum großen Abfallcontainer der Siedlung. Es war eine Zeit, in der Mülltrennung noch nicht erfunden war. Alles wurde ins Innere versenkt. Zum Schluss kamen mehrere große Kübel mit Küchenabfällen darüber. Nach heutiger Erkenntnis hätten sie sich hervorragend nutzen lassen zur Herstellung von Gartenkompost.

Die Entsorgung hatte in mehrerer Hinsicht ihr Gutes. Wir lösten uns von materiellen Besitztümern, die das Leben schwerfälliger machten und unsere Mobilität behinderten, mit der wir stets neue Wege gehen wollten. Und zum anderen befreiten wir Geist und Seele von den

Gefühlsmustern musikalischer Richtungen, die abgelebt waren für uns.

Wir waren frei für Neues und motiviert, selber zu musizieren, soweit wie unsere Begabung reichte. Mit Kinderliedern an den Betten kleiner Erdenbürger hatten wir schon angefangen. Jedenfalls gab es im weiteren Dasein keinen Grund, die Aktion zu bereuen und die Kinder konnten ihr Leben unbelastet von unserer medialen Vergangenheit beginnen.

Und sollte uns in späteren Zeiten doch einmal der Sinn stehen nach dem Kulturgut Musik, würden bei der voraussichtlichen Entfaltung der Elektronik Geräte zur Verfügung stehen, die bei ähnlicher oder besserer Klangqualität in eine Hosentasche passten, während sie vorher noch das Volumen hatten, den Kofferraum eines Autos zu füllen.

Zwanzig Jahre später hatte sich an der Einstellung nichts geändert, nur dass ich nun ohne Teres für das weitere Wohl der Familie sorgen musste.

Demzufolge waren elektronische Medien mit einem Tabu belegt, solange es kleine Kinder gab in der Familie, wie die jüngeren Geschwister, bei denen sich das Gehirn in seiner wichtigsten Entwicklungsphase befand. Die Kleinen sollten spielen, rennen, quietschen, klettern, Streiche aushecken und was nicht alles, und damit würden sie später im Leben die besseren Karten haben, als wenn sie aufwuchsen mit dem Spuk einer elektronischen Welt, die immer neue Produkte auf den Markt warf, mit denen Kinderseelen verdreht wurden.

Es gab inzwischen genug Publikationen, die aufzeigten, was man den Kindern damit antat und (Zitat eines Top-Experten) „wie wir uns und unsere Kinder um den Verstand bringen." Und das in einem Alter, in dem der Verstand gerade erst anfing, sich in den Wirren der Welt zurechtzufinden. Von der stetig steigenden Strahlenbelastung in der Umwelt gar nicht zu reden und der deswegen vermuteten Zunahme von Krankheiten bis hin zu Hirntumor. Melanie war nicht vergessen. Zu ihrer Zeit hatte es zwar noch kaum Mobilfunk-Antennen gegeben, aber wir hatten neben einer Hochspannungsleitung gewohnt und rätselten immer noch, ob auch dadurch etwas zu dem Unheil beigetragen worden war, das uns traf.

Meine Vorgaben wurden akzeptiert von den älteren Kindern. Wenn sie später nicht mehr zu Hause lebten und auf eigenen Füßen standen, würden sie sich noch genug mit der Flut an Medien auseinanderzusetzen haben, die auf sie zukam. Doch hatten sie dann hoffentlich gelernt, eine kritische Distanz zu bewahren. Es gab sogar schon Rückmeldungen, dass sie es als positiv vermerkten, in ihrem Umfeld einmal als die einzigen ohne Fernsehen aufgewachsen zu sein.

Wohlmeinende Menschen wollten mich allerdings darauf hinweisen, dass ich den Anschluss an die Neue Zeit nicht ganz geschafft hätte mit meinen Ansichten: Die Zeit der Handys, Computer und Smartphones war damals noch nicht richtig angebrochen. Was denn gewesen wäre bei einem Aufstand der Jungmannschaft, die den weltweit beliebtesten Zeitvertreib einschließlich Spielkonsolen und Ähnlichem nicht hätte haben dürfen?

Das ließ sich nicht ohne weiteres sagen. Fest stand nur, dass ich das digitale Schlachtfeld nicht kampflos geräumt hätte.

Kleinere Vorgeplänkel hatte es ja gegeben. Aus einer Schultasche fiel ein Walkman heraus, ein kleines Kassettengerät. Nanu?

„Neiin! Da darfst du nichts mit machen!"

Warum denn nicht? Wo ich doch so gerne mit dem Hammer drauf hauen würde!

„Hiilfe! Nicht – das gehört nicht mir!"

Wem gehörte es denn sonst?

„Der Fiona."

Und wer, bitte sehr, war Fiona?

„Aus meiner Klasse. Sie hat gesagt, ich soll mir das mal anhören."

Aber die hatte hier nichts zu bestimmen. Ich kannte die Dame ja gar nicht.

„Du darfst das nicht kaputtmachen, ich muss das zurückgeben!"

Nur schnell ein bisschen mit dem Hammer draufhauen. Um die Botschaft zu vermitteln, dass wir hier medienfrei leben wollten.

„Neiiiiin!"

Nun gut. Da ich ja bekanntlicherweise keine Tränen sehen konnte, ging es noch einmal gut. Aber beim nächstenmal würde für nichts garantiert werden.

Sie hatten das einmal miterlebt. Ein unerwünschtes Gerät war in einem Schraubstock plattgedrückt worden, bis das Tonband herausquoll wie eine lustige Fasnachtsgirlande. Dann war es zur allgemeinen Kenntnisnahme über die Eingangstür genagelt worden. Aber wer wusste heutzutage überhaupt noch, was ein Tonband ist. Das Medienkarussell drehte sich immer schneller.

Für 10jährige Mädchen musste ich zuzeiten ein Unmensch gewesen sein. Ein bisschen jedenfalls. Für die Kleinen dagegen weniger; sie lauschten nämlich noch gerne live den Geschichten vom Rotkäppchen und dem bösen Wolf, von Dornröschen und Aschenputtel und wie am Ende alles wieder gut geworden war. Und für 18jährige Mädchen war ich auch kein Unmensch mehr, sondern manchmal sogar ein Retter in der Not.

Die älteste Tochter hatte ihre Berufsausbildung begonnen und lebte nicht mehr zuhause. Endlich konnte sie sich ihren Wunsch erfüllen nach Musik pur und Hi-Fi total. Ein lieber Mensch schenkte ihr eine ganze Ladung an Geräten. Wahrscheinlich war er froh, auf diese Weise seine veralteten Modelle entsorgen zu können. Aber o weh, es fehlten Kabel und Stecker, oder passten nicht oder waren einfach abgeschnitten. Wie also jetzt die einzelnen Teile zusammenhängen, Verstärker, Boxen, Plattenspieler und was sonst noch dazugehörte?

Bei meinem nächsten Besuch in der Stadt nahm ich mir die Zeit für das Puzzle und verdrahtete ordnungsgemäß die Angelegenheit. Der volle Sound durchflutete danach den Raum. Was die Nachbarn dazu zu sagen hatten, war nicht mehr meine Sache.

Der Reiz der Neuheit ging allerdings verloren und pendelte sich ein auf ein normaleres

Niveau. Soviel glücklicher war man eben mit all der Elektronik auch nicht und es wurde nach wie vor nur mit Wasser gekocht. Eine medienfreie Kindheit mochte dazu beigetragen haben, sich ein gesundes Augenmaß für die Dinge zu bewahren.

An den Elternabenden der Schule war das Thema Medien ein Dauerbrenner. Allerdings mit aller gebotenen Vorsicht. Die Kinder besuchten eine Privatschule und die hatte sich selber zu finanzieren aus den Beiträgen der Eltern.

Also nur nicht ihnen zu fest auf die Füße treten, wenngleich Lehrer und die sensiblen Lehrerinnen sehr wohl merkten, was in den Köpfen mancher vor ihnen sitzender Kinder vorging, wenn sie ein Wochenende lang Fernsehen geschaut hatten. Obwohl eigentlich ein Bekenntnis abgegeben worden war zu einer neuen Lebensqualität, schien sich das nicht speziell auf den Medienkonsum zu erstrecken.

Besonders auffällig waren die Zeiten von Fußballmeisterschaften. War die eigene Mannschaft eine Runde weitergekommen, kamen die Schüler wie aufgekratzt zur Schule, nur um dann in die Verzweifelung abzustürzen, wenn das Team ausgeschieden war. Die medial angeheizten Emotionen konnten sich steigern bis zu Tränenausbrüchen im Klassenzimmer.

Um mich selber aber nicht einzuspinnen in eine innere Verbohrtheit, wollte ich das eigene Empfinden immer wieder hinterfragen. War ich allein es, der schräg in der Landschaft stand mit seinem Hang zur Medienabstinenz, und alle anderen waren im Einklang mit der schönen neuen Zukunft? Fast schien es so. Smartphones überall, rings um mich herum, an jeder Bushaltestelle und in jedem Zugabteil. Die klare Mehrheit also; was hatte da ein einzelner Querdenker überhaupt zu melden?

Am großen Tisch ergaben sich bisweilen Gespräche: „Du weißt ja gar nicht, was wir alles so gemacht haben!"

Aha! Die Töchter wussten etwas, das ich nicht wusste. Was denn?

„Du weißt auch nicht, was Melanie so gemacht hat."

Sie war die Aufgeweckteste gewesen von allen. Es war nicht schwer sich vorzustellen, dass sie alles nur Mögliche hatte ausprobieren wollen. Sie wäre aber auch diejenige gewesen, die sich am ehesten in der Welt zurecht gefunden hätte, ohne ihren Versuchungen zum Opfer zu fallen. Seltsam, der Schicksalsweg, den sie hatte gehen müssen. „Also, erzählt! Was war?"

„Wir hätten längst alles haben können, was du uns verboten hast."

Kunststück! War ich ein Polizist? Woher sollte man wissen, was sie alles trieben, wenn sie in der Schule und in der Stadt waren? Außerdem waren Verbote dazu da, sie zu übertreten. Das war schon so gewesen bei Adam und Eva, sonst wäre die Sache mit dem Apfel nicht passiert. Die Folgen davon waren immer noch nicht ausgestanden.

„Hättet Ihr wirklich alles haben wollen, einschließlich Finger verbrennen?", war meine Frage. Hätte man sie in den Brunnen fallen lassen sollen, nur weil versäumt worden war, ihn abzudecken? Sie wollten darüber nachdenken, fanden aber, Engstirnigkeit wäre auch nicht das Wahre.

Doch zur ewigen Erinnerung waren mir Szenen geblieben, wie herzige kleine Lieblinge halbe Tage lang ruhig gestellt wurden vor laufenden TV-Geräten mit ihren endlosen Tele-Dummies-Albernheiten, bis sie sich unauslöschbar im Gehirn festgesetzt hatten. „Und das hätten wir auch mit euch so praktizieren sollen? Schöne Erziehung das!"

In der Vergangenheit hatten wir schon den Anfängen gewehrt. Schwiegermutter war eine herzensgute Frau gewesen. Zwar hätte sie sich vielleicht für ihre Tochter etwas Besseres gewünscht als mich, aber es war, wie es war, und als es dann so viele liebe und anhängliche Enkelkinder gab, war sie ganz aus dem Häuschen gewesen. Am liebsten hätte sie alle bei sich behalten.

Das war dann der Zeitpunkt, energisch zu intervenieren. Entweder sie würde den Fernseher abschalten, wenn die Kinder bei ihr waren, oder sie würde sie nicht mehr zu Gesicht bekommen! Das war unser voller Ernst, auch wenn wir es dabei an Respekt vor dem Alter fehlen ließen. Zum Glück für uns alle hatte sie über ihren eigenen Schatten springen können: Der Fernseher blieb ausgeschaltet. Danach hatten die Kinder bei ihr glückliche Zeiten erlebt, an die sie sich immer gerne zurückerinnerten.

„Oder etwa nicht?", fragte ich. Sie mussten eingestehen, dass es so gewesen war. Was hatten sie dort nicht alles machen dürfen! Den ganzen Tag im Garten sein und Erdbeeren naschen, auf der großen Schaukel schaukeln, im Apfelbaum herumklettern, ihre Puppenstuben samt Bewohnerinnen über das ganze Gelände ausbreiten und dem nachspringendem Katzenvolk die Wollemäuse vor der Nase wegziehen.

„Hättet ihr das lieber eingetauscht gegen Fernsehen?"

Das nicht, fanden sie, aber die Welt hätte sich weiterentwickelt. Alle hätten heute ein Handy und könnten miteinander kommunizieren und das war ja denn auch das, was man für den Beruf brauchte ...

Einverstanden. Aber sie würden sich ohnehin später alles mit links aneignen. Bliebe nur zu hoffen, dass sie es in der Kunst weiter brachten als bis zum „Gamen" und „Ballern". „Ihr werdet noch mehr, als Euch lieb ist, damit konfrontiert sein", war mein Einwand.

In vielen Berufen war es inzwischen die Norm, dass jeder ein Handy auf sich zu tragen hatte, um ununterbrochen und jederzeit erreichbar zu sein für Aufträge. Praktisch. Aber möglicherweise auch ein weiterer Schritt auf dem Weg der totalen Überwachung. Ließ da nicht etwa von ferne schon Orwells Großer Bruder grüßen?

Wie dem auch sein mochte: Alle hatten zur Kenntnis zu nehmen, dass das Zeitalter der Computer, des Internets und der grenzenlosen Vernetzung unwiderruflich angebrochen war. Niemand würde ohne das mehr auskommen.

Nur wollte ich das Meinige dazu beitragen, dass die Kinder nicht schon in frühesten Jahren davon vereinnahmt wurden und ihre noch bildsame Seele Schaden litt.

Rückblickend auf meinen unfreiwilligen Fernsehkonsum in der Jugend erschien es mir, dass damals die Programme noch ein gewisses Niveau hatten. Doch was wurde kindlichen Seelen in ihrem Wachstum zugemutet mit dem, was sich seither auf den Bildschirmen entfaltete, der garantiert guten Unterhaltung auf allen Kanälen gewürzt mit Totschlag und Erotik?

6. Eigene Wege

In der Abgeschiedenheit unserer ländlichen Umgebung schien die Welt noch in Ordnung zu sein. Doch die Kinder erlebten auch andere Seiten, indem sie ihre Schule besuchten, die in der Stadt lag. Der Hauptbahnhof, an dem sie umsteigen mussten, hatte sich zu einem Treffpunkt der Aussteiger und Abgestürzten entwickelt. Wenige Schritte nur von den Bahnsteigen und man war in der Szene.

Mir war nie ganz wohl dabei, doch die Alternative wäre die Dorfschule gewesen in einer Gesellschaft, die sehr konservativ war. Die Einwohnerschaft konnte noch auf ihre Vorfahren blicken, die am gleichen Ort gelebt und gearbeitet hatten. Bis man ebenfalls dazu gehörte, gingen Jahre ins Land, wenn nicht eine ganze Generation. In der Zwischenzeit wurde man beobachtet; alle kannten uns, aber wir kannten niemanden.

Die Zeit, in der der Zustrom von Migranten dafür sorgte, dass in vielen Schulklassen die einheimischen Kinder in die Minderzahl gerieten, war noch nicht angebrochen. Noch war man unter sich und ohne die Angelegenheit zu bewerten, war es mir richtig erschienen, unsere Kinder weiterhin in die Stadt zu schicken in die Schule, die die älteren Geschwister schon durchlaufen und sich darin wohlgefühlt hatten.

Aber eben, der Hauptbahnhof! Wer dort vorbeikam, kriegte einiges mit von dem, was in der heutigen Gesellschaft im Tun war. Doch auch das war alles noch im Fluss.

Eine der Töchter hatte einiges beobachten können in dem Milieu mit seinen vielen Facetten und als sie zum Ende ihrer Schulzeit eine Abschlussarbeit zu liefern hatte zu einem frei gewählten Thema, wählte sie: Obdachlosigkeit. Ihre Sympathie war bei den Unterprivilegierten.

Sie stöberte in alten Chroniken und grub Berichte aus, wie rabiat die Gesellschaft damals mit Menschen umgegangen war, gleich ob sie verschuldet oder unverschuldet ins Elend geraten waren. Sehr rabiat! Wie sich die Sache in der Gegenwart darstellte, wollte sie dann in einem Selbstversuch herausfinden, zu einer Zeit, als die Problematik der Aussteiger, der Junkies und Drogenabhängigen schon recht auffällig war. Im Weichbild der Stadt waren sie nicht mehr zu übersehen.

Die Tochter produzierte einen Berg an Manuskriptblättern, die in ihren Formulierungen nicht ungeschickt waren, wenn da nicht die leidige Zeichensetzung gewesen wäre und die Feinheiten der Rechtschreibung. Ob ich helfen würde?

Neben der schriftlichen Arbeit gehörte auch der mündliche Vortrag dazu vor der versammelten Schüler- und Elternschaft in einem großen Saal, der mehrere hundert Personen fasste und bei diesen Anlässen meist vollbesetzt war. Die Talente dafür waren unterschiedlich. Verschanzt hinter einem Rednerpult und das Referat ab Blatt herunterleiern, wäre auch eine Option gewesen. Doch ihr Thema verdiente es, frisch und frei ohne Rednerpult und Zettelwirtschaft dem Publikum präsentiert zu werden. Würde sie?

Wir machten den Handel ab: Korrekturlesen gegen freie Rede. Aber meine Bedenken wären wahrscheinlich gegenstandslos gewesen: Wer sich so wie sie ins Rampenlicht stellte und einen Saal voller Menschen unterhielt in einer Theateraufführung, bei der sie die Hauptrolle erhalten hatte, würde das auch bei einem Vortrag schaffen.

Der Applaus am Ende der Ausführungen

zeigte, dass die Sache gut angekommen war. Ein Ausschnitt ihrer Zusammenfassung zu dem Thema sei an dieser Stelle eingefügt, mit ihrer Einwilligung:

Ich wollte das selber einmal ausprobieren, wie das so ist mit der Armut und der Obdachlosigkeit. Ich stehe also eines Morgens in der größten Einkaufsstraße der Stadt und schaue ein wenig unsicher umher. Neben einem Brillengeschäft finde ich einen Platz zum Sitzen. Gegenüber ist der Supermarkt und andere Geschäfte. Die Läden öffnen ihre Türen und Verkäuferinnen stellen die Werbeplakate auf die Straße. Ich sitze auf dem Boden und kann mich nicht so recht überwinden, das Vertrauen anderer Menschen zu missbrauchen. Aber ich gebe mir einen Ruck und stelle meinen Plastikbecher auf die Straße und das Kartonschild: „Ich bin obdachlos und brauche Geld. Danke!" Ein zerrissenes T-Shirt, verlöcherte Hosen, abgetragene Docks und eine zerzauste Frisur tragen zu der Glaubwürdigkeit meines Unternehmens bei.

Die Menschen laufen mit einem Blick, als sehen sie mich nicht, an mir vorbei. Andere stehen in einiger Entfernung und reden lauthals über die heutige Jugend. Die Sonne steigt langsam, Touristen und reich aussehende Menschen flanieren vorbei. Sie tragen ihren Körper, ihren Schmuck und teure Markenkleider zur Schau. Es scheinen Menschen zu sein, die nie ein Problem mit Geld hatten. Langsam aber sicher fühle ich mich tatsächlich obdachlos. Mit Absicht habe ich nichts gegessen und kein Geld mitgenommen, weil ich herausfinden wollte, wie ein Leben auf der Straße ist. Der Hunger kommt. In meinem Becher liegen vielleicht 20 Cent.

Die Straße füllt sich immer mehr. Viele Japaner schwirren umher und fotografieren alles, was ihnen in die Quere kommt. Ein junger Japaner macht vor mir Halt, ich schaue langsam nach oben. Wir unterhalten uns mit ein paar Brocken Englisch und er fragt, ob ich ein Eis wolle. 5 Minuten später steht er wieder da mit einem großen Becher. Er überreichte ihn mir und wünscht mir viel Glück, macht noch schnell ein paar Fotos und ist weg. Überrascht sitze ich, bestaune das Eis und freue mich, weil ich als Mensch und nicht als Bettlerin und oder Junkie behandelt wurde.

Die Zeit vergeht, ich beobachte die Menge, die sich an mir vorbei schiebt, und mir kommt der Gedanke, dass ich wohl sehr fehl am Platz bin. Es ist irgendwie verlogen, wenn ich an mein Zuhause und an das gute Essen denke. Denn ich habe immer noch Hunger! Das Ganze ist nur gespielt, innerlich bin ich doch nur ein kleines Mädchen aus geordneten Verhältnissen. Für mich ist es nur ein Tag ohne Dach über dem Kopf, für andere vielleicht ein halbes Leben. Auch ist es Sommer und relativ warm.

Doch nach zwei Stunden kann ich fast nicht mehr ruhig sitzen. Eine junge Frau geht an mir vorbei, sie dreht sich um und schaut mich lange an, geht dann aber weiter. Einige Minuten später kommt sie zurück und gibt mir fünf Franken für das Mittagessen. Sie sah sehr nett aus und ich hatte ein ungutes Drücken im Bauch.

Einige regen sich auf über mich, andere sehen mich nur an, gewisse Männer schauen auch sehr anzüglich. Elend und Armut sieht man nicht gerne oder nur mit einem Auge. Die meisten, die Geld geben, sind junge Menschen, sie sind freundlich, doch viel mit mir zu tun haben, wollen sie doch nicht. So mache ich einen Bruchteil der Erfahrungen, die andere immer machen. Es wäre wohl ein elendes Leben, wenn ich nur vom Betteln leben müsste.

Die Sonne steigt und es wird wärmer. Es gibt immer noch viele Menschen, doch ich werde langsam müde und habe Hunger. Ich schaue, wie viel Geld es gegeben hat, es sind etwa 20 Fr. Für mich ist das relativ viel, dafür dass ich nur hier herumgesessen bin. Ich entschließe mich, noch eine Viertelstunde zu bleiben und dann den Tag als Obdachlose abzubrechen.

Doch es kommt anders. Ich sitze noch auf dem Boden und mache Notizen, plötzlich sehe ich ein Auto vor mir halten. Drei Polizisten steigen aus und kommen auf mich zu. Die Menge schart sich um mich, schaut blöd und macht Sprüche über die heutige Jugend. Ich überlege, was ich tun könnte. Es sind jüngere Polizisten, sogar recht nette. Sie sagen mir, dass ich nicht weiter hier sitzen könne, sie würden mich ein paar Straßen weiter wieder aussteigen lassen. Ich steige also ein, weil ich keine andere Möglichkeit habe. Sie bringen mich auf den Polizeiposten, es ist nichts mit ein paar Straßen weiter wieder aussteigen können. Der Polizeiarzt untersucht mich an Armen, Beinen und zwischen den Zehen, ob ich Einstichstellen habe; er leuchtet mir auch die Pupillen ab, ob ich unter Drogen stehe. Natürlich nicht, denn ich konsumiere keine.

Einer der drei Polizisten verhört mich, er will jede Menge von mir wissen. Ich habe schon an einen solchen Fall gedacht und wollte ihnen am besten die Wahrheit erzählen, doch nun traue ich mich doch nicht. Der Polizist fragt, warum ich auf der Straße lebe. Ich sage ihm, das ich vor zwei Monaten meinen Job als Verkäuferin verloren habe und keinen neuen gefunden hätte; dass mir meine Wohnung gekündigt wurde und die Eltern verreist seien.

Der Polizist wird wahrscheinlich nicht recht klug aus mir und hält mir einen Vortrag über ein ordnungsgemäßes Verhalten. Ich erzähle ihm, dass ich auf keinen Fall weiter auf der Straße leben wolle. Er gibt mir ein Dutzend Ratschläge und Adressen von Sozialhilfestellen. Doch dann kommt ein Einsatz für die Polizei dazwischen und er sagt mir, ich soll auf dem Gang warten. Also schlendere ich durch den Gang und besehe mir alles. Der Polizist hinter dem Auskunftsschalter hat wahrscheinlich Mühe mit meinem nervösen Rumgetrappel und sperrt mich kurzerhand in eine Zelle ein.

Die Zelle ist karg und unfreundlich. Sie hat eine Pritsche, einen Stuhl und eine Klingel. Ich habe nun Zeit zum Weiterschreiben. Ich fühle mich ein wenig komisch und weiß nicht, was ich tun soll. Der Polizist bringt mir einen Kaffee und die Tageszeitung. Er sagt, dass ich noch weiter warten müsse und schließt die Türe hinter sich zu. Für mich ist es die erste richtige Konfrontation mit der Polizei. Die Zeit vergeht noch langsamer als am Morgen, ich warte darauf, dass mich jemand wieder raus lässt. Ich frage mich, ob sie mich vergessen haben, oder mich einfach noch sitzen lassen wollen. Irgend wann einmal geht die Türe wieder auf. Auf der Uhr in Gang sehe ich, dass etwa vier Stunden vergangen sind.

Der Polizist, der mich vernommen hat, sagt, dass sie mich auf den Bahnhof begleiten würden. Ich bin froh, dass sie meine Kreditkarte und die BahnCard, die ich in meinen Schuhen versteckt hatte, nicht gefunden haben. Der Polizist hatte mit Interesse meine Tasche durchsucht, aber nur einen Stift, ein Buch und einem Pullover gefunden. Meine Notizen fand er zum Glück nicht, weil sie in meiner Hosentasche waren. Es wäre auch recht peinlich gewesen, weil er dann doch erfahren hätte, dass ich ihn angelogen habe.

Ich muss mit fünf Polizisten in einen Streifenwagen, es fehlt nur noch, dass sie mit Blaulicht und Sirene fahren. Am Bahnhof begleiten sie mich auf den Bahnsteig. Mir ist es recht peinlich, weil alle neugierig schauen, was wohl los ist. Am Zug drückt mir einer eine Fahrkarte nach meinem Heimatort in die Hand und sagt, ich solle mich dort mit den Behörden herumschlagen, sie hätten keine Zeit dafür.

Dann sitze ich im Zug und bin froh, dass alles einigermaßen gut abgelaufen ist. Die vier Stunden in der Zelle haben mir schon ein wenig Angst gemacht. Ich beende gerne meinen Tag als Obdachlose, bin froh, dass es nicht mein wirkliches Leben ist und fahre gemütlich nach Hause … Soweit der Bericht.

Einer nach dem anderen meiner Nachkommen kam in das Alter, in dem sie ihre eigenen Wege gingen. Dass Behütetwerden nicht mehr gefragt war, hatte sich schon seit längerer Zeit abgezeichnet; man war auf der Schiene ins Erwachsensein. Noch nicht ganz angekommen zwar, dafür aber mit der doppelten Portion Selbstbewusstsein, als wäre man schon – wie man eben so war in dem Alter.

Anfangs hatte sich noch manchmal der Eindruck aufgedrängt, Behüten wäre erst recht am Platz gewesen. Aber Versuche in die Richtung scheiterten meistens und das war der Punkt, an dem hatte losgelassen werden müssen. Im Vertrauen darauf, dass sie den richtigen Weg alleine fänden.

Es blieb nicht aus, dass wir zu Zeiten unterschiedlicher Ansicht waren, welches denn der rechte Weg wäre. Aber das Problem hatten schon viele vor uns gehabt. Ich musste nur zurückdenken an meine eigenen Eltern, bei denen mein Werdegang auch einmal nicht ganz das gewesen war, was sie sich vorgestellt hatten.

Die Töchter gingen zielstrebig ihren Weg und das war es ja auch gewesen, was ich gewollt hatte für sie – auf eigenen Füßen stehen. Für eine Weile noch war es meine Aufgabe, ihre Startversuche ins Leben zu begleiten und Hilfestellung zu bieten, wenn etwas aus dem Ruder lief. Dass ich dabei einige Male innerlich die Luft anhielt bei dem, was sie so boten, gehörte wohl dazu. Mir schien, es wäre manchmal schon fast Stoff genug gewesen für einen eigenen Roman. Der aber ungeschrieben blieb, weil es private Angelegenheiten waren.

Für eine geraume Zeit noch trafen wir uns weiterhin zuhause am Küchentisch, aber sie waren eindeutig unterwegs zu sich selber. Was danach geblieben war für einige Jahre, waren die Kleinen gewesen, für die ich zu sorgen hatte, meine Nesthäkchen. Sie glaubten mir noch alles und das Leben mit ihnen war unkompliziert.

Während wir in früheren Ferienzeiten alle zusammen auf Achse gewesen waren, gingen wir jetzt zu dritt auf unsere Ausflüge, ich vorneweg und die lieben Kleinen im Schlepptau hinter mir her. Alle hatten wir eine BahnCard und an schönen Tagen fuhren wir durchs Land. Mit bei der Partie musste natürlich ein alter Plüschbär sein, etwas zerzaust schon und deswegen umso heißgeliebter. Wehte einmal ein etwas frischeres Lüftchen, bekam auch er liebevoll einen kleinen Schal um den Hals gewickelt und wurde eng umarmt.

Wenn wir uns so durch die wartende Menge auf einem Bahnsteig schlängelten, war mir manchmal, als ob sich auf den Gesichtern der ernsten Mitreisenden ein kleines Lächeln zeigen wollte, – alle Leute waren ja sonst immer so ernst!

In einer kleinen Tasche hatten wir etwas Gutes zu essen dabei oder besorgten das Fehlende unterwegs in einem Lädelchen oder Supermarkt, setzten uns am Ziel unserer Reise auf ein Mäuerchen und ließen es uns schmecken bei der Betrachtung eines grandiosen Bergpanoramas oder der vorbei flanierenden Menschen an einer Seepromenade.

Kamen wir an einem Kinderspielplatz vorbei, mussten natürlich gleich die Schaukel und das Klettergerüst ausprobiert werden. Ich war nicht mehr ganz jung, aber auch noch nicht alt, doch alt genug, dass ich mir alleine ziemlich albern vorgekommen wäre auf einem Schaukelpferd. Mit den Kindern war das kein Problem.

Wir nutzten alles, was vorhanden war, und wenn sie schaukelten, was das Zeug hielt, durfte auch ich guten Gewissens dabei sein. Sogar bei einem Karussell, wenn wir eines entdeckten, wehte mich manchmal die Lust an, mit ihnen auf einem bimmelnden Holzpferdchen eine Runde mitzureiten …

Das Leben ging seinen Gang und des Öfteren geriet ich ins Sinnieren, in was für eine Welt die Kinder hineinwuchsen. Insbesondere wohlgestaltete junge Frauen schienen in ihr eine Vorrangstellung einzunehmen. Wie anders sonst kämen sie haufenweise auf allen Plakatwänden in Erscheinung mit ihrem verführerischen Lächeln? In keinem Werbeblock fehlten sie, in keiner Boulevardzeitung, und im Internet ging es manchmal kein halbes Dutzend Clicks, bis sie auch dort in den Fokus gerückt wurden, mehr oder weniger leicht bekleidet.

Mochten es ja immerhin erfreuliche Anblicke sein! Weniger erfreulich für Väter mit Töchtern war dann die Vorstellung einer lüstern gemachten Männerwelt, die sich das alles betrachtete und wahrscheinlich nicht in Sinn hatte, es bei der bloßen Betrachtung bleiben zu lassen.

Aufklärung wäre wohl das Gebot der Stunde

gewesen, aber wie sag ich's meinen Kindern? Was da alles an Gefahren lauern konnte. War man der Meinung, sie im noch zarten Alter behüten zu wollen vor ungeschminkten Tatsachen, waren ihnen vielleicht längst schon einschlägige Publikationen in die Finger geraten, an denen es nicht mangelte und die keine Frage unbeantwortet ließen.

In späteren Jahren war von einer schon erwachsenen Nachkommenschaft zu hören, dass ich manchmal besser auf bestimmte Probleme hätte aufmerksam sein sollen. Was hätte nicht alles getan werden müssen, um sie auf die Tücken der Außenwelt vorzubereiten! Gute Frage, aber mit diesen Tücken war das eben so eine Sache gewesen.

Ich war nicht der einzige, der vor dergleichen Herausforderungen gestanden hatte. Aus dem Umkreis der Elternschaft einer großen Schule war einiges zu hören, was an Erfahrungen mit Jugendlichen gemacht wurde, bis hin zu plötzlichem Nachwuchs in der Familie, ohne dass niemand recht wusste, warum. Also war Aufklärung doch dringender notwendig denn je?

Und es ging ja auch nicht mehr lange, dass sie in einzelnen Landesteilen von offizieller Seite her in Gang gesetzt wurde, bevor dann die Gesamtheit der Heranwachsenden darin unterwiesen werden sollte. Sexualkunde avancierte zum Pflichtfach, schon vom Kindergarten an. Und an den Eltern vorbei, die sich wundern mochten, was die lieben Kleinen alles zu erzählen hatten über neuartiges Demonstrationsmaterial.

Der Unterricht schien über die rein biologischen Fakten hinauszugehen und mehr die Erlebniswelten zu betonen, die dahinter lagen. Auf wie viele interessante Arten konnte man doch heutzutage seine sexuelle Orientierung ausleben! Nur, was geschah eigentlich, wenn das Wissen verloren gehen sollte, dass die Angelegenheit auch eine gewisse Bedeutung hatte für den Fortbestand der Menschheit?

Entstehende Lücken ließen sich zwar auch anderweitig auffüllen, doch darauf einzugehen, würde den Rahmen der Abhandlung sprengen. Jedenfalls konnte Erziehung in Zeiten wie diesen zu einem Härtetest werden, bei dem nicht ohne weiteres ersichtlich war, wie man ihn bestand.

Die älteren Kinder hatten sich ihre Wege in die Außenwelt gesucht und die Kleinen waren jetzt nicht mehr so klein, als dass sie es ihnen nicht hätten nachmachen wollen.

Das taten sie dann auch. Freundschaften entstanden und wenn sie tagsüber in der Stadt waren, war es für sie praktischer, über Nacht bei befreundeten Familien zu bleiben. Ebenso wenn in der Schule Projekte liefen und alles Mögliche noch erledigt werden musste, bis es so spät wurde, dass sie nicht mehr sehr motiviert waren, nach Hause zu kommen.

Es war ein besonderer Tag, als zum ersten Mal alle auswärts blieben. Es war fast nicht zu glauben! Über so viele Jahre hinweg hatte es ein mehr oder weniger volles Haus gegeben, immer war man gefragt gewesen und hatte selber seine Fragen gehabt. Man hatte zugehört, was alles gelaufen war, rührte in Kochtöpfen und bereitete alles vor für den kommenden Tag. Und jetzt auf einmal: Nichts! Niemand da. Es war wie Ferien im Quadrat.

Hätte ich eine Flasche Wein gehabt, ich hätte ihr am Ende noch den Hals gebrochen, um das zu feiern. Ich schleppte einen Sessel zum Eingang der Küchentür, von wo der Blick weit über das Land ging und setzte mich hinein.

Die untergehende Sonne mit ihren letzten wärmenden Strahlen spiegelte so recht die Stimmung in meinem Inneren wider: Ein Lebensalter, Jahrzehnte der Bemühung um die nachfolgende Generation, ging zu Ende. Es war zwar noch nicht so weit, es würde eine kleine Weile dauern, bis alle flügge und ganz ausgeflogen wären, aber ich war vorgewarnt. Und danach würde endlich das Paradies ausbrechen!

Oder doch nicht? Nach der Welle der Euphorie meldeten sich erste leise Zweifel. War es wirklich die unbegrenzte Freiheit, die vor mir lag, oder eher der „horror vacui", die Befürchtung der großen Leere? Lag vielleicht doch kein Grund zum Feiern vor?

7. Notbremse am Küchentisch

Alles kommt ohnehin immer anders, als man dachte. Auch wenn die Töchter mich davor gewarnt hatten, war es doch so gelaufen: Es war noch einmal eine Frau gewesen, die meinen Weg kreuzte.

Sie hatte sehr früh ihren Mann verloren durch eine tückische Krankheit und stand da mit zwei Buben. Sie stand zwar mit beiden Füßen fest auf dem Boden, fand aber, es wäre nicht ungerade, wenn wir uns gegenseitig aushelfen würden. Den Jungs, den kleinen Tunichtguten, würde es gut tun, wenn sie ab und zu eine tiefe Stimme hörten. An dem sollte es nicht hapern, tiefe Stimme war vorhanden.

Am Beginn unserer Bekanntschaft hatten wir uns jeweils gegenseitig an den Wochenenden besucht und weite Spaziergänge über Feld und Wald gemacht. Mit dabei war der kleinere der Buben, dreijährig. Ein herziger Bursche, aber er hatte schon einige Besonderheiten entwickelt.

Eine Unebenheit am Boden und pardautz!, lag er da. Ein schneller Blick, ob die Mama auch zuschaute und rabäää!, fing das Geschrei an. Diese ganze Ungerechtigkeit der Welt, die ihn so gemein umgeschubst hatte! Die Mama musste trösten! Das tat sie dann auch, hob ihn schnell auf, schaute nach, ob noch alles dran war am Knie und versprach ein Pflaster, sobald wir zuhause wären.

Damit war er wieder ganz zufrieden. Das Missliche dabei war nur, dass er sich recht wohl fühlte auf Mamas Armen, er wollte getragen werden. Sollte das Geschrei nicht wieder von vorne anfangen, würde man ihn der Erfahrung nach wohl oder übel schultern müssen, huckepack bis nach Hause.

Vielleicht war er ja ein bisschen verwöhnt. Ich sah mich vorerst nur als Beobachter und auch wenn es mich auf der Zunge juckte, wollte man sich nicht unbedingt Sympathien verscherzen, indem man als der pädagogische Besserwisser dastand.

Aber die Angelegenheit wurde nicht besser, indem sie auf die lange Bank geschoben wurde. Also konnte ich meinen Mund doch nicht halten: „Du!", war mein Kommentar, „Da sollte man etwas machen." Sie sah es ein. Ein kleiner Liebling in dem Alter, mit zwei gesunden Beinchen, war ein ziemlicher Brocken, um ihn herumzutragen.

Die Gelegenheit kam beim nächsten Waldspaziergang. Ein Baum war umgestürzt und lag quer über dem Weg. Ein großer Schritt und zwei von uns waren auf der anderen Seite. Auf der Gegenseite streckte jemand die Arme aus und wollte hinübergehoben werden.

Wir sahen das etwas anders. Das Büblein war immer voller Begeisterung dabei gewesen, wenn es etwas zu klettern gab und auf umgestürzten Baumstämmen gar war er mit Vorliebe herumbalanciert und hatte kaum mehr herunterkommen wollen. „Komm mal ruhig alleine rüber, du kannst das doch!", sagten wir.

Ob er vergessen hatte, dass er das konnte, blieb unklar, aber offensichtlich war, dass er als Prinz auf seinem guten Recht bestand, über Hindernisse hinweg getragen zu werden. Als das nicht der Fall war, ging das Geschrei los. Meine etwas nervöse Begleiterin musste getröstet werden: „Du musst jetzt dein blutendes Mutterherz ganz fest in beide Hände nehmen, und dann lass ihn brüllen! Sonst lernt er's nie. Komm, wir laufen einfach weiter."

Das Geschrei hinter uns steigerte sich gewaltig, er hatte eine gesunde Lunge. Die Eichhörnchen raschelten aufgeregt in den Bäumen. In etwa hundert Metern Entfernung war ein Baumstumpf, auf den wir uns setzten.

Wir schauten in eine andere Richtung, ließen aber unseren kleinen Liebling dabei nicht aus den Augen.

„Komm schnell, hier ist etwas ganz Tolles zu sehen", riefen wir von Zeit zu Zeit. Das Geschrei hielt mit unverminderter Heftigkeit an. Nur gut, dass wir uns in einem abgelegenen Waldstück befanden, in dem keine weiteren Spaziergänger waren, sonst hätten sie noch die Polizei alarmiert wegen Kindesmisshandlung.

Wir fingen an, den Boden vor uns zu begutachten, als ob wir etwas suchten. „Whau!", schrien wir in die Richtung hinter uns, „Ein Riesenkäfer!" Wir wussten, dass dergleichen Krabbeltierchen auf das Bübli eine Faszination ausübten, so dass er sie gerne in leere Zündholzschachteln einsammelte, um sie dann im heimatlichen Garten wieder laufen zu lassen. Das Geschrei in der Entfernung hielt zwar noch eine geraume Weile an, bis es dann endlich doch langsam leiser wurde und nichts mehr zu hören war.

Wir stocherten weiter im Boden herum und stießen dabei kleine Rufe des Entzückens aus. Auf einmal tauchte zwischen uns ein kleines Wichtelmännchen auf und wollte sehen, was es da Interessantes gäbe. Da war aber leider unser großer Käfer in dem Moment gerade entwischt.

Stattdessen konnten wir ein kleineres Exemplar überreichen, aber da der Bub keine Zündholzschachtel bei sich trug, ließ er ihn wieder frei. Und der Riesenkäfer wäre sooo groß gewesen, dass er sowieso nicht hineingepasst hätte.

Wir konnten unsere Wanderung im besten Einvernehmen miteinander fortsetzen. Über das Vorkommnis verloren wir kein Wort. Lob oder Tadel wären nur kontraproduktiv gewesen.

Blieb noch der Rückweg. Wir waren fest entschlossen, das Erreichte nicht wieder aufzugeben. Der Junge hatte oft genug bewiesen, was in ihm steckte, wenn er auf blühenden Sommerwiesen den Grashüpfern hinterherrannte und sie tatsächlich erwischte, indem er sich kopfüber auf sie stürzte. Dabei war er zart genug mit ihnen umgegangen, dass ihnen hinterher nichts fehlte, ein Bein oder so. Er hatte sie mit den Händen bedeckt zu uns getragen zur Begutachtung. Dann ließ er sie wieder springen, um gleich danach dem nächsten nachzujagen.

Vor uns lichtete sich der Wald. Auf dem Weg lief einer von uns rechts, der andere links und in der Mitte das Bübli. Ich wollte den Kontakt herstellen zu meiner Nachbarin, hatte aber leider mein Handy vergessen.

Um genau zu sein: Ich besaß gar keines, doch der Mangel ließ sich beheben. Am Wegrand lag ein Stück von einer Wurzel. Beim genaueren Beschauen war es durchaus brauchbar, man musste nur noch ausprobieren, ob es funktionierte. „Hallo, hallo!", trötete ich hinein, „ist dein Handy auch angestellt?"

Meine Gesprächspartnerin war nicht schwer von Begriff und bückte sich schnell nach einem Tannenzapfen. Der erwies sich ebenfalls als voll funktionsfähig und sie schaltete auf Empfang: „Hier ich, wer da?"

„Na, auch ich, wer denn sonst? Hast du gesehen, wie toll unser kleiner Sonnenschein laufen kann?"

Sie schielte zur Seite, um sich gleich wieder ihrem Telefongerät zuzuwenden. „Tatsächlich!", sagte sie. Der kleine Sonnenschein schaute irritiert von einem zum anderen.

„Meinst du, der ist schon so groß, dass er es bis nach Hause schafft?", wollte ich wissen.

„Schwer zu sagen", meinte sie, „man müsste ihn mal selber fragen. Aber schade, geht leider nicht, der hat kein Handy."

Ach was! Handy hatte heute jeder. Der musste sich nur mal richtig umkucken!

Der Junior hatte inzwischen kapiert, um was

es ging, und hob flink auch einen Tannenzapfen auf. „Hallo", riefen wir, „bist du da?"

Er war da und beteiligte sich begeistert am Gespräch. Nun waren es entgegenkommende Spaziergänger, die etwas irritiert dreinschauten. Er bestätigte per Handy unsere Vermutung, dass er noch gar nicht müde war und locker weiterlaufen konnte. Die Kommunikation ging um Krabbeltiere und andere Waldbewohner.

Wir hatten inzwischen den Weg zu unserem Dorf zurückgelegt und standen auf einmal vor der heimatlichen Haustür. „Hat er doch eigentlich gut hingekriegt, oder?", fragten wir uns gegenseitig über Mobilfunk.

Hatte er. Allerdings waren wir dabei einem unserer Lebensgrundsätze untreu geworden, dem maßvollen Gebrauch von Kommunikationsmitteln. Wir hatten ja eigentlich ein vorbildliches Verhalten an den Tag legen wollen. Aber eben, die Welt war im elektronischen Zeitalter angekommen und ohne Handy lief fast nichts mehr.

In Sachen Erziehung gab es eine weitere Baustelle. Als wir das erste Mal zusammen frühstücken wollten, war die Mutter des hoffnungsvollen Sprösslings ein bisschen nervös. Der Bub hatte gewisse kulinarische Vorlieben entwickelt und hätte am liebsten mit Wurst angefangen. Die gab es nicht und so zeigte er unmissverständlich, dass ihm das andere auch nicht passte. Mit patziger Miene schubste er vom Teller, was nicht genehm war und schaute uns schweigend und vorwurfsvoll an. Die Mutter seufzte. Wie sollte das nur weitergehen mit einer ausgewogenen Ernährung?

Beim Mittagessen das gleiche. Alles war liebevoll gekocht, Vor- und Hauptspeisen, alles sehr appetitlich und separat auf dem Teller angeordnet. Der Kleine fing wortlos an zu sortieren und Gemüse war das erste, was er weit von sich wegschob – ein Rosenkohlblättchen, igitt igitt. Grüner Salat – nur das nicht! Fleisch nahm er gnädig an, aber die Menge war so bemessen, dass man davon nicht satt wurde. Zum Schluss war er unzufrieden. Und wir ebenfalls.

Auch hier wollte ich nicht der Schlaumeier sein, der die Lösung des Problems aus dem Ärmel schüttelte, doch die Szene wiederholte sich. Selbst wenn der Junge hungrig blieb, schien ihm das nicht viel auszumachen, Hauptsache, er selber konnte in der Angelegenheit den Tarif durchgeben.

„Sollten wir ihm das nicht langsam abgewöhnen?", war meine scheue Frage. Das liebevolle Anrichten der Speisen schien eher kontra-produktiv zu sein. Was, wenn man einfach alles klein schnitt und als einen Haufen auf den Teller gab?

Gesagt getan. Beim nächsten Mittagessen saß ein sehr unglücklicher kleiner Junge am Tisch und starrte ungläubig auf seinen Teller. Dann fing er umständlich an, alles was er als unge-liebt identifizieren konnte, herauszufischen und am Tellerrand zu deponieren – die Teile einer grünen Bohne, ein Salatstängelchen, Stückchen von Zwiebeln, einfach schrecklich. Das Essen dauerte doppelt solange, aber satt war niemand geworden.

„Hier nutzt nur noch eine Radikalkur", war später mein Vorschlag. „Wir geben alles in den Mixer und machen Püree draus, Spaghetti, Salat, Fleisch und Gemüse." Einer richtigen Hausfrau musste sich bei solch einer Zube-reitung der Magen umdrehen, aber die Ange-legenheit war ernst und sollte nicht noch mehr aus dem Ruder laufen.

Wir machten einen Versuch. Unser Liebling sah den Teller und wandte angewidert das Gesicht ab. Er streikte. „Kuck mal", versuchten wir zu intervenieren, „da ist auch super leckeres Fleisch dabei." Er gab darauf nicht ein-mal eine Antwort. Er ließ es auf einen Machtkampf ankommen. Was er aber nicht wusste, war, dass auch wir uns darauf vorbereitet und abgesprochen hatten, nicht aufzugeben. „Ach", sagten wir, „das macht nichts. Das ist am Abend immer noch gut."

Am Abend kam das gleiche wieder auf den Tisch und der Machtkampf ging weiter. Der Bub war wild entschlossen, seine lange genossenen Vorrechte des Selektierens zu verteidigen und ging hungrig ins Bett. „Ach", sagten wir, „das macht nichts. Das ist morgen früh immer noch gut."

Am Morgen waren die Positionen schon so verhärtet, dass niemand mehr aufgeben konnte, ohne das Gesicht zu verlieren. Der Bub ging ohne zu essen in den Kindergarten. Später war es der Kindergärtnerin ein Anliegen, uns über ein ungewöhnliches Verhalten zu informieren. Sie hatte, wie jeden Tag, liebevoll mit den Kindern einen kleinen Imbiss vorbereitet, den sie dann gemeinsam in der Gruppe verzehrten. „Der hat ja reingehauen, als ob er drei Tage nichts gegessen hätte", sagte sie. Wir behielten es für uns, dass sie damit der Wahrheit ziemlich nahe gekommen war.

Bei dieser unserer Methode hätten wir natürlich unseren Liebling längstens vergiften können mit den tagealten Speiseresten, bevor er bereit gewesen wäre einzulenken. Deshalb präparierten wir heimlich jeden Tag den gleichen Brei neu und präsentierten ihn mit dem gleichen Spruch: „Das macht nichts, wenn du es nicht magst. Das ist morgen immer noch gut." Er war ein intelligentes Bürschchen, aber unseren Trick durchschaute er doch nicht.

Er hatte angefangen, alte Brotreste unter seinem Bett zu horten, die er heimlich verzehrte, aber irgendwann war der Leidensdruck, der Hunger, dann doch so groß, dass er bereit war, ein bisschen zu probieren. Er musste zugeben, dass drei Tage altes Essen doch nicht ganz so schrecklich war und danach vereinbarten wir, dass wir erstens nicht mehr alles pürierten, aber zweitens auch nicht mehr alles vom Teller schubsen wollten, was uns nicht gefiel.

Wir atmeten auf und hofften, endlich wieder zu normalen Esssitten übergehen zu können.

Da ich schon öfter bei meiner neuen Bekanntschaft zu Gast war, ergab es sich manchmal, dass ich mit dem kleinen Hungerkünstler alleine am Tisch saß, wenn die Mutter unterwegs war in eigenen Angelegenheiten. Wir schauten uns innerlich angespannt an: Was würde nun wieder passieren? Die Frage war berechtigt: Für große Buben wäre es nämlich an der Zeit, neue Entwicklungsschritte zu machen.

Mein Gegenüber wartete auf sein Butterbrot, bei dem er spezifizieren konnte, was alles drauf gehörte, um dann im letzten Augenblick noch Änderungswünsche anzubringen. Meine Intention aber war etwas anderes und er bekam ein Frühstücksmesser über den Tisch geschoben. „Kuck mal, was es alles Gutes auf dem Tisch gibt. So große Jungs können sich selber ein Brot streichen. Locker können die das, gar kein Problem."

Der Bub war gewöhnt, dass ihm immer alles mundgerecht serviert wurde. Das hier war Neuland für ihn und sein Blick ließ genau erkennen, was er dachte: „Na, warte, ich zeig dir's!"

Er nahm das Messer, stach mitten in die Butter, als wolle er sie erdolchen, und wartete auf meine Reaktion. Es gab ein Lächeln zur Ermunterung. Das schien nicht ganz das zu sein, was er erwartete, und er stieß ein zweites Mal zu und danach ein drittes und ein viertes Mal. Wieder keine Reaktion meinerseits und er sah, dass es mir wohl ernst sein musste mit meinem Ansinnen.

Die Butter war nun schon in Auflösung begriffen und so nahm er eine Scheibe Brot und bugsierte das größte Teilstück der gelben Masse obendrauf. Dann fing er umständlich an, es mit Messer und Fingern zu verteilen wie Knete. Schlussendlich ergab sich ein Schichtdicke von einem Zentimeter und er schaute mich herausfordernd an.

„Mmm, lecker!", machte ich und gab meine Erwartung kund, dass das nun gegessen werden sollte. Es war zwar kein Brot mehr mit Butter, sondern viel Butter mit etwas Brot drauf; essbar würde es trotzdem sein. Sein Einsatz wurde gelobt und nun stand seine Ehre auf dem Spiel. Er machte sich an die Arbeit und hatte zu tun, seine Produktion zu bewältigen.

Beim nächsten Mal ging die Angelegenheit schon viel besser und in angemesseneren Proportionen vonstatten. Anwesende staunten, wie geschickt ein 4jähriger schon mit dem Messer umgehen konnte. Er hatte schnell gelernt und das in mehrfacher Hinsicht.

Der um ein paar Jahre ältere Bruder war über solche Dinge schon erhaben. Er war auch gar nicht da gewesen, weil er sich bei einem Freund in den Ferien aufgehalten hatte. Ich lernte ihn erst später kennen. Er schien schon in jungen Jahren eine Anlage zu einem erfolgreich Autohändler zu haben, auch wenn es vorerst noch Spielzeugautos waren, mit denen er sich abgab.

Auf jeden Fall waren wir uns alle so sympathisch geworden, dass wir beschlossen, einander näher zu kommen.

Wir konnten ein Dachgeschoss mieten mit zwei Wohnungen, eine rechts und eine links. In der Mitte war ein Verbindungsgang und die Jungs benutzten ihn gleich zum Fußballern, dass die Fetzen flogen. Ihre Mutter war jetzt meine Nachbarin. Eine schöne Nachbarin, sie war noch jung.

Sie hatte ganz bestimmte Vorstellungen von der Zukunft, die sie vom Beginn an konsequent in die Tat umsetzte. Sie hätte bequem leben können für den Rest ihrer Tage von den Leistungen zur Witwenrente und Däumchen drehen. Aber genau das wollte sie nicht. Zielstrebig fing sie eine Berufsausbildung an, dann diverse Praktika, um schlussendlich voll in den Beruf einzusteigen und von keiner Unterstützung mehr abhängig zu sein.

Es fehlte nur jemand, der mit aufpasste auf ihre beiden Rangen und darin gab es bei mir ja nun schon einige Erfahrungen. Auch bestanden gewisse Fertigkeiten im Küchenbereich, so dass jeden Tag das Essen pünktlich auf den Tisch kam. Ebenfalls am Tisch saß meine Restfamilie, wer eben noch nicht ganz flügge war und zuhause lebte. Und bei denen, die auswärts in der Ausbildung waren, uns aber besuchten, war das Thema Freundin kein Streitpunkt mehr. Im Gegenteil.

Was waren wir jetzt eigentlich? Zwei Rumpf-familien, die gut miteinander auskamen? Oder, mit einem zeitgemäßeren Ausdruck, eine Patch-work-Familie? Patchwork war ein Flicken-Kon-strukt. Wenn wir eines waren, dann in der Art, dass das sonst übliche Trümmerfeld ausein-andergebrochener Beziehungen nicht vorhan-den war. Es gab keine gebrochenen Herzen, die in unserem Kielwasser dümpelten und alle hatten dabei gewonnen.

Tagsüber war jeder unterwegs in Schule (beziehungsweise Kindergarten, für eine kurze Weile noch) und Beruf. Abends traf man sich am großen Tisch zu einem guten Abendessen und zu munteren Gesprächen. Die gleichen Geschichten, die ich einst meinen jetzt zum Teil schon erwachsenen Kindern erzählt hatte, konnten nun noch einmal gebracht werden vor einer neuen Jungmannschaft.

Es gibt Tage, da läuft einfach alles schief, man kann machen, was man will. Unser Knirps hatte zu Zeiten ein etwas aufbrausendes Tempera-ment. Schon immer gehabt, er musste es mitbekommen haben in die Wiege. Es war manchmal gar nicht zu erkennen, was ihm quer gekommen war, doch er lief blau an im Gesicht und ballte die kleinen Fäuste, so dass wir auf einen Ausbruch warteten. Bis es dann auf einmal wieder gut war, als ob nichts geschehen wäre; im Gegenteil, hinterher war er meistens besonders friedlich und ausgeglichen.

Im Medizinalbetrieb hatten wir dabei nicht um Hilfe nachfragen wollen, die vielleicht zu schnell auf eine medikamentöse Ruhigstellung hinausgelaufen wäre. Die Seele abzudämpfen, war keine Heilung; es gab genug Studien zum Thema Ritalin. Doch wir kannten einen Therapeuten unseres Vertrauens und seine Einschätzung war, dass sich die Probleme lösen würden, wenn wir mit Geduld und einem sachlich unaufgeregten Verhalten alle auftauchenden Situationen handhaben.

Eines Abends stand das Essen bereit, doch der Junge war quengelig. Es wurde auch nicht besser, als alle auf ihrem Platz waren. An allem hatte er etwas auszusetzen, bis ihm dann schließlich der Löffel runterfiel. Er versuchte, ihn vom Stuhl aus aufzufischen. Dabei fiel er selber hinunter und im Fallen griff er nach der Tischkante, erwischte aber seinen Teller dabei. Der ging ebenfalls zu Boden, samt allem, was schon auf ihn gehäuft war.

Niemand lachte, aber die Situation wurde nicht besser dadurch, dass wir harmlos fragten, ob es da unten nicht ein wenig finster wäre zum essen. Er kratzte seine Sachen zusammen, krabbelte hervor und wollte einen neuen Anlauf nehmen, aber die Situation ließ sich nicht mehr retten. Es gab nur noch Geschrei und irgendwann langte es dann.

Wir trugen den zappelnden Tunichtgut in sein Zimmer und bedeuteten ihm, dass wir ihn gerne wieder am Tisch begrüßten, wenn der Lärmpegel sich verminderte. Doch auch jetzt wollte er keine Ruhe geben und so machten wir die Türe zu von außen und schlossen ab. Genug war genug! Basta!

Wir, die restlichen Mitglieder beider Familien, saßen wieder am großen Tisch, als ein krachender Schlag die Wohnungen erschütterte. Und dann noch einer und noch einer. „Die schöne Türe!", rief die bestürzte Mutter.

Sie hatte Recht. Der Sprössling musste im Zimmer einen Baseballschläger vorrätig haben oder sonst einen schweren Gegenstand, den er als Ramme benutzte, um die Tür aufzubrechen. Mein Anliegen vorerst aber war, die allgemeine Aufregung zurückzudämmen auf ein sachliches Maß.

Die Tür war alles andere als schön, sie war

ein Billigstprodukt wie die Wohnungen selber, die in einem leeren Dachraum, in dem vorher nur Mäuse und Spinnen gewohnt hatten, im Spar-Modus errichtet worden waren und für die jetzt eine fette Miete kassiert wurde. Zugegebenermaßen waren sie groß genug für unsere Erfordernisse, aber dass darin etwas besonders erhaltenswert sein sollte, war nicht einsehbar. Der Junior sollte ruhig zeigen, was er konnte und jeder Baumarkt würde uns hinterher gerne eine neue Billigtüre verkaufen.

Wir waren vom Esstisch aufgestanden und hatten uns staunend im Gang versammelt, wo auf der anderen Seite schweigend und verbissen daran gearbeitet wurde, das Gefängnis zu durchbrechen. In die Schläge mischte sich jetzt schon das Geräusch von zersplitterndem Holz. Der Junge hatte eine kleine Werkzeugkiste, in der anscheinend etwas Brauchbares zum Vorschein gekommen war, Hammer und Stechbeitel vielleicht oder sogar eine kleine Axt.

Die Billigtür bestand aus zwei Sperrholzplatten mit einem Wabenkonstrukt dazwischen. Die jenseitige Sperrholzplatte musste schon weitgehend zerlegt sein. Jetzt wurde am Herausschlagen der Waben gearbeitet. Mit einem spitzen Werkzeug hatte er sogar schon einen ersten Durchbruch in die Außenwelt geschafft.

Doch dann auf einmal war Stille, weitere Aktivitäten erfolgten nicht mehr. Wahrscheinlich war der Druck aus dem Kessel, und die Puste ausgegangen. Wir begaben uns wieder an den Esstisch und einer durfte die Türe aufschließen und bekannt geben, dass die Suppe kalt wurde; man möge sich beeilen.

Nach einer Weile kam er dann tatsächlich, und setzte sich kleinlaut und still dazu. Er schien etwas nachdenklich zu sein, aber da wir anderen mit keinem Wort auf das Vorgefallene eingingen, brauchte er das auch nicht. Friedlich verzehrten wir die Reste unserer Mahlzeit. Nur dass wir zum Schluss zu bedenken gaben, dass der Herr Weber besser nicht zu Gesicht kriegen sollte, was da gelaufen war.

Auweia! Daran hatte er gar nicht gedacht. Der Herr Weber war der Vermieter und hielt sich recht oft im Haus auf, wo man ihm begegnen konnte, einem schon älterem Herrn, der manchmal etwas grummelig und streng dreinschaute. Die Sache erschien dem kleinen Übeltäter nun doch etwas bedenklich.

Aber andererseits hatte der Herr Weber nach Unterzeichnung des Mietvertrages nichts mehr in der Wohnung zu suchen und selbst bei einem Blick durch die offenstehende Wohnungstüren wäre nichts zu sehen, weil der Tatort im Seitengang war. Und um die Ecke schauen konnte ja niemand. Ein bisschen wurde dadurch das Gewissen des Buben entlastet.

Das Resultat seiner Zerstörungswut allerdings hatte er nun tagtäglich vor Augen, morgens, mittags und abends. Manchmal fragte er vorsichtig, ob man da nichts tun könne, eine andere Tür vielleicht. Ich schüttelte bedenklich den Kopf, das musste erst genau abgeklärt werden, ob sich das überhaupt machen ließe. So einfach wäre das nicht.

Dass im nächsten Baumarkt die Türen schon stapelweise auf uns warteten, brauchte er noch nicht zu wissen. Es würde vielleicht ganz heilsam sein, ihm den Anblick noch für eine Weile zu „gönnen". Sein Geburtstag würde dann die rechte Gelegenheit abgeben für ein passendes Geschenk. Nur würde es noch ein paar Monate dauern bis dahin.

Geburtstage waren immer etwas besonderes, weil es Geschenke gab, die zudem geheimnisvoll eingepackt waren und das Auspacken schien das Wichtigste daran zu sein. Endlich kam der große Tag. Einen Korb mit kleineren Dingen hatte es schon gegeben, alles liebevoll verpackt in Geschenkpapier.

Und dann das große, das Supergeschenk, 2 Meter lang! Auch hier in einer Verpackung, nur hatte das Geschenkpapier nicht ganz ausgereicht und es hatte nachgeholfen werden müssen mit Packpapier und zum Schluss gar mit Zeitungspapier. Aber um das Ganze war dann sorgsam ein rosarotes Band gewunden mit einer Schleife. Der Empfänger schaute mit süßsaurer Miene zu, wie es herangeschleppt wurde. Er wusste natürlich längst, was es war.

Der nicht mehr gebrauchte Überrest der alten Türe wurde in die Werkstatt verbracht, auf einer Kreissäge in handliche Stücke geschnitten und fachgerecht entsorgt. Und wir hatten aufgepasst, dass der Herr Weber nichts davon mitkriegte. Eine Untat war damit aus der Welt geschaffen und weitere Anfälle von Zerstörungswut traten nicht mehr auf.

Natürlich war das ungehemmte Demolieren von Wohnungseinrichtungen nicht besonders wünschenswert. Doch das Zulassen von Grenzüberschreitungen konnte auch sein Gutes haben. Aus den Folgen wurde manchmal mehr gelernt als bei einem auf Befehl angepassten Verhalten. Besser, es in jungen Jahren zu lernen in einem Kreis noch wohlwollender Menschen, als später in der rauen Luft der Außenwelt.

8. Räder und Karossen

Das Verhalten von Kindern in angemessene Bahnen zu lenken, setzte bei Erwachsenen ein Bewusstsein für richtig und falsch voraus, und das in einer Zeit, in der die Moral demontiert wurde, das innere Gefühl für gut und böse. Jeder sollte machen dürfen, wozu er Lust hatte. Die Einflüsterungen kamen von vielen Seiten. Alles, was man selber wollte und wünschte war in Ordnung, auch das Abartigste. Selbstverwirklichung war das neue Ideal. Waren wir dabei eigentlich noch mitverantwortlich für die Schöpfung, in der wir lebten?

Bei den beiden Junioren unserer Wohngemeinschaft, in der wir jetzt lebten, hatten Räder einen hohen Stellenwert. Es gab eine Spielzeugeisenbahn, bei der immer mehr Einzelteile hinzugekommen waren, bis die Gleisführung über den Korridor hinweg sich in die umliegenden Zimmer erstreckte und die Buben tagelang auf den Bäuchen durch die Wohnungen robbten, um den Zugverkehr fahrplanmäßig rollen zu machen. Später wurden dann die Räder von Fahrrädern, Bikes wie man jetzt sagte, wichtiger, mit denen sie versuchten, Geschwindigkeitsrekorde aufzustellen. Oder Rollschuhe, die heutzutage Inline-Skates hießen und zu halsbrecherischen Kunststückchen zu gebrauchen waren.

Wir wohnten am Rande einer Siedlung von Wohnblöcken, alles schön modern und mit gepflegten Rasenflächen und Spielplätzen. Anfangs hatten wir noch geglaubt, die Jungs würden einen anregenden Umgang mit Gleichaltrigen finden, aber welcher Unterschied zwischen heute und der Zeit meiner Kindheit!

Damals waren die Straßen noch voll gewesen von Kindern, jederzeit lief etwas und abends kam man mit roten Ohren nach Hause, um sich am nächsten Tag ins neue Zusammensein zu stürzen. Und hier? Die Beteiligung langte nicht einmal richtig zum Fußballspielen. Keine Kinder! Oder wenn doch, wo waren sie?

Die Jungs wussten natürlich, wo sie waren, denn es gab tatsächlich welche, aber die kamen nie ans Tageslicht oder nur selten. Die waren am „Gamen", zuhause auf dem Sofa, das musste interessanter gewesen sein und weniger anstrengend.

Unsere hatten zu dergleichen Zeitvertreib

keinen Zugang und so lernten sie vorerst nur ihre weniger digitalisierten Altersgenossen kennen. Ein Phänomen dabei war, dass wir sie des Öfteren in Gesellschaft von Kinder sahen, die ihre Wurzeln in anderen Kulturkreisen hatten.

Wie alt war wohl der Ältere der beiden, als er sich eines Tages bei seinen Aktivitäten den Kopf anstieß? Vielleicht elf oder zwölf Jahre. Er hatte Kopfweh, aber es war nicht einmal eine Beule zu sehen. Kopf anschlagen in dem Alter war auch einmal meine Spezialität gewesen, ich war also nicht besonders alarmiert.

Die besorgte Mutter allerdings nahm ihn mit zu ihrer Hausärztin. Die verordnete ein Pülverchen und sagte: „Bei der Gelegenheit schauen wir doch gleich einmal, wie es mit dem Impfschutz steht", und hast-du-nicht-gesehen hatte er eine Tetanusimpfung.

Am Abend kamen sie zurück und man ging zu Bett. Am Morgen wollte der Junge nicht aufstehen. Kopfweh hatte er zwar nicht, aber es war ihm nicht danach. Merkwürdig. Auch für den Rest des Tages war er nicht zu motivieren. Zur Schule war er bis jetzt eigentlich immer gern gegangen, aber auch sie interessierte ihn nicht mehr.

Wenn man mit etwas forciertem Stimmaufwand nachfragte, kamen auch keine wortreichen Stellungnahmen, mit denen er sonst gerne zur Hand gewesen war, um sich herauszureden. Er schaute uns nur seelenruhig an und sagte nichts. Wirklich sehr merkwürdig.

Es blieb dabei, auch am nächsten Tag und den noch folgenden. Der Junge stand zwar auf und zog sich selber an, doch den Tag verbrachte er am liebsten in einem Sessel. Ein Glück, dass seine Lehrer Verständnis zeigten und sagten: Nichts überstürzen! Geduld, der verpasste Schulstoff würde nachzuholen sein. Doch der jüngere Bruder wurde ganz kribbelig. Ihm fehlte sein Fußball-Kollege vom Mittelgang.

Es gab erste warme Frühlingstage. Wir versuchten, unserem Patienten das Freiluftleben schmackhaft zu machen, unten im Garten. Er schaute uns wieder seelenvoll an und willigte ein. Die Treppe herunter kam er sogar auf eigenen zwei Beinen, aber hübsch langsam.

Im Garten war er sehr dankbar, dass wir ihm eine Liege aufstellten, in die er sich bloß hineinzulegen brauchte. Warm zugedeckt, wenn doch einmal ein kühleres Lüftchen wehte, schaute er sich den ganzen Tag den blauen Himmel an und war zufrieden damit.

Mir gingen die verschiedensten Vermutungen durch den Kopf, aber man wollte sie ja nicht voreilig ausposaunen. Auch wurde man nicht mit sich selber einig, was genau von der Sache zu denken war. Man musste sich erst durch alle erreichbaren Informationen hindurcharbeiten, bis sich irgendwann der Gedanke auch sachlich formulieren ließ: Erlebten wir da nicht eine besonders milde Form von Autismus?

Zu unserer großen Erleichterung hörte der Spuk aber einen Monat später auf. Der Junge stand auf einmal wieder auf den Beinen und das Elfmeter-Schießen im Mittelgang ging weiter, sowie wilde Fahrradjagden durch das Quartier.

Vielleicht war es doch nur eine Gehirnerschütterung gewesen. Der Junge hatte sich ja den Kopf angeschlagen! Seltsam ist nur, dass bei bestimmten Impfungen nicht nur einzelne Fälle von Autismus im Gespräch waren. Gab man den entsprechenden Suchbegriff ein – das Computerzeitalter war endlich auch bei uns angebrochen – hatte das Internet einiges zu erzählen dazu.

Die Begabung zum Fahrzeughandel zeigte sich immer deutlicher. Es fing ganz harmlos an. Der Junge argumentierte, wenn er schon den Computer für die Schule nutzen sollte, käme es auf weiteres Surfen im Zweiradbereich auch nicht drauf an. Sammler würden für antike und ausgefallene Fahrradmodelle außergewöhnliche Preise zahlen.

Also fing er an, solche Teile zusammenzutragen, alte Militärvelos, stabil wie Panzer mit entsprechendem Gewicht, und Drahtesel aus der Frühgeschichte der Technik. Woher, blieb unerfindlich und welcher normale Mensch wäre je auf den Gedanken gekommen, dass sie für etwas anderes hätten gut sein können als für die Schrottpresse? Man musste sich aber sagen lassen, dass es sich dabei um ungeheuer kostbare Exemplare mit hohem Sammlerwert handelte.

Da der Weiterverkauf noch nicht in Gang gekommen war, nutzte er die Zeit für Reparaturen und Service. Das war der Punkt, an dem wir aneinander gerieten; überall in meiner Werkstatt lagen auf einmal ausgeschlachtete Bike-Hälften herum.

Als friedlicher Mensch suchte ich den Konsens und räumte ihm einen Teil der Werkstatt zu eigenem Gebrauch ein. Nur überwog fürderhin der Ankauf bei weitem den Verkauf und sein Arbeitsbereich quoll bald über und platzte aus allen Nähten.

Die Notbremse musste gezogen werden,

auch auf die Gefahr hin von interfamiliären Grabenkämpfen: Was nicht in meinen Werkstattbereich gehörte, wurde abtransportiert zum nächsten Alteisencontainer. Der Kampf wurde hitziger, als er sein Zeug wieder aus dem Container herausfischte.

Eine Zeitlang war Ruhe, indem er seine Teile bei sich übereinander stapelte, doch bald schon war dabei für ihn selber kaum noch Platz, um sich zu bewegen.

Am längeren Hebel saß ich und er am kürzeren. Aber er gab nicht auf und versuchte zu verhandeln. Alle Menschen hatten doch das Recht auf eine Privatsphäre, oder etwa nicht? Wir berieten das gemeinschaftlich und mussten zugeben, dass es so war. Also, so die weitere Argumentation, durfte er doch sein Zimmer einrichten, wie er wollte. Wir waren einverstanden. Also, wenn andere alle möglichen Einrichtungsgegenstände im Zimmer hätten, dürfte er das nicht auch?

Uns kam der schwarze Verdacht, worauf es hinauslaufen sollte: Er wollte auch sein Zimmer als Lagerraum für seine Zweiradsammlung einrichten! Um es nicht zum Bruch kommen zu lassen, sagten wir schweren Herzens ja, in der stillen Hoffnung, dass ihm die Dinge soweit über den Kopf wachsen würden, dass er von sich aus zu einem angemessenen Umgang mit der Materie fand.

In der Folgezeit füllte sich das Zimmer langsam aber sicher mit Fahrrädern, die durch den Hauseingang und die Treppe hoch nach oben geschleppt wurden. Während anfangs die Teile noch dicht an dicht aneinander gelehnt waren, mussten sie irgendwann aufgestapelt werden in die Höhe bis hart unter die Zimmerdecke.

Jedesmal wenn wir einen scheuen Blick in das Zimmer taten, schien es uns, das Ende der Fahnenstange wäre erreicht. Nur um beim nächsten Mal festzustellen, dass doch noch weitere Drahtesel dazugekommen waren. Einzig und allein der Platz vom Bett war noch ausgespart, aber man musste den Bauch einziehen, um überhaupt bis dorthin zu gelangen.

Eine überraschende Änderung trat ein, als der hoffnungsvolle Sprössling auch noch anfing, Mopeds und ihre Bestandteile zu sammeln, um sie zu gegebener Zeit zu vermarkten. Für ein spezielles Modell hatte er einen noch brauchbaren Benzintank gefunden, für den in der Werkstatt kein Platz mehr gewesen war, also kam er mit hoch in sein schon leicht überfülltes Zimmer.

Mitten in der Nacht war auf einmal ein seltsames Geräusch zu hören. Ich stand auf und ging dem nach. Beim Anknipsen des Lichtes im Mittelgang lehnte jemand in der geöffneten Zimmertür und musste sich übergeben, bis die grüne Galle kam.

Die Mutter eilte herzu und war erschrocken. Aber sie ließ sich beruhigen: Mir war nämlich in dem Alter genau das Gleiche passiert! Es waren die Benzindämpfe, doch das würde sich wieder geben. Der Tank war nicht ganz leer gewesen.

Und ich damals, vor langen Jahren, hatte die verstopften Düsen eines Mopedvergasers auszupusten versucht und dabei einen Schluck genommen, Benzin, ganz wenig nur und gleich wieder ausgespuckt, aber es hatte gelangt. Am nächsten Tag war ich immer noch grün im Gesicht.

Das war jetzt auch bei unserem Jüngling nicht anders. Wir leisteten Erste Hilfe, ließen den Tank verschwinden, lüfteten gründlich das Zimmer und erschienen mit frischem Bettzeug. Es dauerte einen Tag, bis er wieder zu Kräften kam, aber dann hatte er ebenfalls das Gefühl, das es so nicht mehr weiterging.

Er machte einen neuen Entwicklungsschritt, indem er die Schule, die er jetzt als hoffnungslos öde empfand, mit einer Lehrstelle in der Fahrzeugbranche vertauschte. Damit war er schon ein gutes Stück weiter in Richtung Autohandel.

Nur waren es für ihn keine glitzernden Glaspaläste und teppichbelegte Ausstellungshallen, in denen im dezenten Tonfall Verkaufsgespräche geführt wurden, sondern eine Werkstatt für Gebrauchtwagen und Oldtimer, die von innen etwa ähnlich aussah, wie sein Zimmer zu Hause. Die Umgebung musste ihm von Anfang an vertraut gewesen sein und er stürzte sich mit Begeisterung in seine neue Tätigkeit.

Alles weitere gehört streng genommen schon nicht mehr zum Thema des Berichtes, Erziehung. Dafür sorgte er von Stund an selber, einschließlich der Rückschläge, die nicht ausblieben, wenn etwas bachab ging. Es hatte zum Beispiel gewisse Auseinandersetzungen gegeben mit der Polizei zum Thema Straßenverkehrsordnung, bei denen er den Kürzeren zog. Doch wurde er zur rechten Hand seines Chefs, weil er alle aufgetragenen Arbeiten willig und speditiv erledigte.

Er hatte die Arbeit mit Werkzeugen und Maschinen erlernt, Autofahren und Fahrzeugbeherrschung auch in schwierigen Situationen und ebenfalls den Umgang mit einer wählerischen Kundschaft. Und er wusste, wie man sich mit den Experten vom TÜV herumschlug, eine Kunst, die nicht unwesentlich zum Erfolg in diesem Gewerbe beitrug.

In späteren Jahren kam noch die Sparte Landmaschinen dazu und manchmal war er mit solch riesenhaften Teilen unterwegs, dass sie im Straßenverkehr nur noch mit entsprechenden Warnblinkeinrichtungen gefahren werden durften.

Nebenbei verwirklichte er seinen alten Traum von der eigenen Werkstatt. Dafür, dass es nur ein Hobby war, hatte er mit der großen Kelle angerichtet: Die Werkstatt samt Umfeld bot Platz für zwei Dutzend Fahrzeuge, und diesen Platz füllte er mit Modellen jeglicher Marke und Größe. Weiterum im Familienkreis und darüber hinaus wurde er zu einem begehrten Ansprechpartner bei Anschaffungen und Betrieb von Fahrzeugen.

Trafen wir uns am Küchentisch, wurden Benzingespräche geführt. Nicht, dass mich Motorleistungen und technische Ausstattung noch interessierten, aber nach eigenen Jahren in der Branche war ich immerhin ein kompetenter Gesprächspartner. Kein sehr motivierter zwar, das lag jetzt hinter mir, aber wir wussten, wovon wir redeten und das schaffte Gemeinsamkeiten. Anwesende Frauen, wie Mütter, fühlten sich dabei eher ausgeschlossen. Für sie war das öde; ihnen genügte, wenn sie sich in Autos setzten und losfuhren. Dafür waren sie ja schließlich da, oder?

Trafen sich allerdings die Töchter bei uns, nahmen Fachsimpeleien einen anderen Charakter an. Die meisten hatten Pflegeberufe gewählt und man redete über Infusionstechniken und Wundverbände, je nach Ausbildungsgang auch über Geburtsvorbereitung und Wochenbetten – für Männer Themen, die eher abseits ihrer Interessensgebiete lagen.

Was unseren Autospezialisten betraf, profitierten alle enorm von seinem Wissen, wenn der TÜV wieder einmal Einsprache erhoben hatte gegen die Weiterbenutzung der fahrbaren Untersätze oder bei sonstigem Ungemach, wenn Räder nicht mehr rollen wollten. Sein jüngerer Bruder kam ebenfalls in den Genuss seiner Erfahrungen. Lange genug war er ja ausgeschlossen gewesen vom Mitspracherecht in Sachen Autos.

Als Jugendlicher hatte er in einem Sportverein eine bedeutende Rolle gespielt als Torjäger. Bei Auswärtsspielen dann war es Usus gewesen, dass eine sportbegeisterte Elternschaft ihre Nachkommen zu den Austragungsorten hinfuhr. Es ging eine Weile, bis wir uns mit dem Gedanken anfreunden konnten, dass auch wir das zu leisten hatten; Sport war nicht unser Ding.

Als wir aber endlich Einsicht zeigten, fing der große Jammer an. Der Knabe schämte sich in Grund und Boden, in einen popeligen Kleinwagen einsteigen zu müssen, während alle seine Vereinskollegen in Fahrzeugen mindestens der gehobenen Mittelklasse chauffiert wurden.

Aber da hatte er auf Granit gebissen. Ich fuhr meine Autos aus Überzeugung. Nur wegen ihm auf eine Nobelkarosse umzusteigen, lag nicht drin. Schlussendlich einigten wir uns, dass er am Ziel der Fahrt irgendwo vorher ausstieg, wo er nicht in Sichtweite seiner Kollegen war. Die Frage blieb, was diese unsere Gesellschaft bloß bei unseren Kindern anrichtete, dass sie so unter Gruppendruck gerieten, wenn sie keinen konformen Standard aufzuweisen hatten.

Einige Jahre später war die Angelegenheit dann doch zu einem Happyend gekommen, zu einem vorläufigen. Als der jüngere Bruder flügge und stolzer Besitzer eines Führerscheins wurde, leistete er sich mit Hilfe des älteren Bruders einen BMW.

Allerdings brach damit nicht das Paradies aus. Doch das gehört im eigentlichen Sinn schon nicht mehr zu der Geschichte, vor allem, weil sie noch nicht abgeschlossen ist und erst die Zukunft erweisen muss, ob dicke Autos tatsächlich zur Verbesserung der Lebensqualität beitragen.

Erwachsen geworden, waren einige aus meiner ersten Familie inzwischen in dem Alter, in dem sie sich ihr eigenes Urteil über meine Erziehungsversuche bilden konnten. War etwas herausgekommen dabei? Kamen sie klar mit dem Leben und wussten sich zu helfen, wenn es wo klemmte? Das wäre eigentlich mein Hauptanliegen gewesen. Dass ich mich dabei zeitweise unbeliebt gemacht hatte, gehörte wohl dazu. Will man sich später auf Augenhöhe begegnen, kann man nicht immer ein Herz und eine Seele sein.

Ich für meinen Teil war zufrieden, dass sie auftauchende Schwierigkeiten in eigener Regie meisterten. Gelegenheit dazu fanden sie genug, indem sie alle einen gehörigen Schuss an Reisefreudigkeit im Blut hatten. Das Sprichwort bewahrheitete sich, dass die Äpfel nicht weit von den Stämmen fielen: Auch Teres und ich waren jahrelang in Ländern am Ende der Welt unterwegs gewesen.

Doch die Zeiten hatten sich geändert. Wo wir in östlichen Gebieten noch über Monate mühsam den Schotterstraßen entlang gerattert waren, suchten sie heute im Internet nach Last-Minute-Angeboten und schon waren sie auf dem Sprung zu exotischen Destinationen, oft ohne viel Geld dafür zu benötigen. Sie kannten Mittel und Wege, ihre Reisen selber zu finanzieren, fast noch bevor sie sich für eine bestimmte Berufsausbildung entschlossen hatten.

Das war denn auch das Kriterium, wie sich die Angelegenheit von einem elterlichen Standpunkt aus darstellte: Wer zahlt, befiehlt! Da ich nicht der Zahlende war, gab es auch nicht viele Optionen bei der Erwägung, ob mir diese Aktivitäten recht waren oder nicht.

Die Frage blieb, wo die Grenze war zwischen jugendlichem Leichtsinn und selbstverantwortlichem Handeln? Besonders wohl war mir nicht, wenn ich zu hören bekam: „Ich bin denn mal weg!" Und das gleich bis in abgelegene Gebiete fremder Erdteile. Mit Compangnons, von denen nichts Genaueres in Erfahrung zu bringen war. Immerhin wollte man irgendwann mal zurückkommen.

Andere wiederum waren unterwegs in fernöstlichen Ländern, in denen während meiner Jugendzeit die schlimmsten Kriege getobt hatten. Die Medien hatten sich viele Jahre lang überschlagen mit grauenhaften Bildern und Berichten, doch dann auf einmal waren die gleichen Länder im Angebot der Reiseindustrie als beliebte touristische Ziele aufgelistet. Ich hatte manchmal Schwierigkeiten, den Anschluss an die heutige Zeit zu gewinnen. Dabei wollte ich nichts anderes, als dass mein Jungvolk unbeschadet zurückkehrte.

Dass man Schaden nehmen konnte, war die Erfahrung meiner eigenen früheren Reisen gewesen, in denen ich mich lange im asiatischen Osten aufgehalten hatte. Auf der einen Seite war dort in ländlichen Gebieten oft noch eine umwerfende Gastfreundschaft anzutreffen, wie sie in westlichen Gesellschaften kaum mehr vorstellbar war. Auf der anderen Seite konnte man aus lauter Unwissenheit in Fallen tappen und wusste nicht einmal wie.

Allein das Thema Drogen, selbst wenn man nicht das geringste damit zu tun hatte. Weltweit wurde der Handel im größten Maßstab betrieben, doch als Alleinreisender machte man unbedingt einen großen Bogen darum herum. Es gab Länder, die keine legalen Beschränkungen kannten und andere Länder, in denen man bei Besitz schon geringster Mengen hart an der

Einkerkerung entlangschrammte, sollte das ruchbar werden.

Und das konnte schneller geschehen, als man ahnte, auch denen, die nie dergleichen angerührt hatten. Vielleicht war einem ja im Gedränge der Bazare etwas unbemerkt zugesteckt worden. Man selber wusste von nichts, dafür aber möglicherweise der nächste Polizeiposten und dann waren die Probleme nicht mehr weit. Das war nicht der Normalfall, aber ich hatte einiges miterlebt.

Eine Tochter übrigens auch, wie sie nach der Rückkehr von einer Reise berichtete. Für sie selber war die Sache noch einigermaßen glimpflich abgegangen: Man hatte sie wieder laufen lassen, nachdem sie rund tausend Dollar abgeladen hatte, ohne dass ihr klar geworden war, warum und wofür eigentlich.

Auch sonst konnte allerlei Unbill geschehen. Eines Abends stand ich am Kochherd, als das Telefon ging. „Ja? Hallo? Ach du bist das! Wie lebst du so? Wo bist du denn jetzt gerade?"

Die Tochter – eine andere – war in einer fantastischen Gegend, weit fort, aber es war gar nicht ihr Anliegen, mir das mitzuteilen. Sie hatte ein anderes: Der Rucksack war ihr geklaut worden, ein Moment nur der Sorglosigkeit und weg war er, mit Inhalt, Geld und Papieren. Eine mitleidige Seele hatte ihr ein Handy geliehen, das umgehend zu melden.

Hhmm! Dumme Sache. Was tun? Ich wusste es nicht.

Ich brauchte es aber auch nicht zu wissen, sie kam alleine klar. Es ging nur darum, von uns aus die Kreditkarte sperren zu lassen, subito, sofort, damit der Schaden nicht noch größer würde. Das ließ sich machen. Ich wünschte trotz allem Ungemach weiterhin Gute Reise!

Dergleichen Widrigkeiten waren keine Einzelfälle. Passierten sie, bedeutete das eine mehr oder weniger lange Auszeit in der näheren Umgebung eines Konsulates des Heimatlandes, bis neue Ausweisdokumente ausgestellt waren.

In Unannehmlichkeiten geriet man auch, wenn bei Rückflügen von entfernten Flughäfen der anderen Erdhälfte auf einmal irgendeine Bestätigung fehlte, eine Clearance, wie sie hieß. Niemand wusste warum. Die Damen an der Flugabfertigung waren zwar cooperativ, das zuständige Sicherheitspersonal dafür weniger. Es ging nicht mehr weiter, die Schranken blieben zu und die Zeit fing an, unter den Nägeln zu brennen: Der Flieger war schon dabei, auf die Startbahn zu rollen …

9. Mitten ins Nirgendwo

Wenn unser Jüngster als der einzige männliche Vertreter zwischen lauter Schwestern in seiner Kindheit nicht sein Talent für den Umgang mit Medien ausbilden konnte, hatte er das in späteren Jahren doppelt und dreifach ausgeglichen. Auch er wurde ein großer Freund des Reisens und wusste, wo die günstigen Flüge im Internet zu finden waren.

Lange war er in Südamerika unterwegs als Rucksacktourist. Eine Ewigkeit hörte man nichts von ihm und dann auf einmal ging das Telefon und er meldete sich aus einer hinterletzten Ecke des Kontinents. Hatte ein Internet-Cafe gefunden und eine Skype-Verbindung herstellen können, die nicht viel kostete, nur dass die Qualität der übermittelten Sprache ewas vermindert war. Er erzählte lange von seinen Erlebnissen, alles mögliche an kleineren Abenteuern. Ein größeres Abenteuer dagegen, später, erzählte nicht er mir, sondern jemand anders.

Das Haus in den Bergen, umgeben von hohen Lärchen, stand mir immer noch offen. Ich hatte den Schlüssel, um mit der Motorsäge für den Brennholzvorrat zu sorgen. Zwischen den Bäumen lag genug vom Wind gebrochenes Holz, das zu handlichen Kloben für den offenen Kamin verarbeitet werden konnte. Es waren schöne Tage. Im Spannungsfeld zwischen Säge und guter Literatur gesundete jedesmal meine Seele.

Im besten Mitternachtsschlaf läutete das Telefon. „Grrrrr, wer war das, zum Donner!"

Es war eine Tochter: „Du brauchst keine Angst zu haben, es ist alles in Ordnung", sagte sie, „kein Grund zur Besorgnis, alles ist gut gegangen!"

Und dafür musste man aus dem schönsten Schlaf aufgesprengt werden, nur um zu hören, dass alles in Ordnung war?

Mir fiel ein nachzufragen, was es denn gewesen sein mochte, das gut gegangen war und danach hatte die Geschichte schon eine andere Dimension. Es ging um unseren Jüngsten. Er lebte noch.

Er war in Mittelamerika gewesen, in Costarika hatte es ihm gefallen, dann kam Panama und dann war Ende. Durch den Flaschenhals im Norden von Kolumbien weiter nach Süden war kein Durchkommen. Irgendwelche Kriege, Bandenkriege, Drogenkriege, Militär, Geheimdienste – aus, fertig. Die Begüterten nahmen ein Flugzeug.

Die anderen trafen sich in einem Hafen der Atlantikküste, wo alte Seebären auf sie warteten, ergraute Männer mit ihren mehr oder weniger seetüchtigen Segelyachten. Sie verdienten sich ihren Lebensunterhalt, indem sie reisewillige Touristen über den offenen Ozean nach Cartagena schipperten an der Küste von Südamerika, eine mehrtägige Fahrt, wenn alles gut ging. Waren genug Leute beisammen, konnte es losgehen.

Die zusammengewürfelte Reisegesellschaft, vier Männer und zwei Frauen, hatte beim ersten Treffen mit dem zukünftigen Capitano noch einen guten Eindruck von ihm und seinem Kahn, der frisch aus der Werft kam, angeblich. Der Eindruck verminderte sich ein wenig in der ersten Nacht auf See, als ein Segel riss. Der Capitano steuerte eine Inselgruppe an, fand sich aber in der Dunkelheit nicht zurecht und lief auf Grund. Immerhin war das Wetter schön und das Meer ruhig.

Als man sich am Morgen den Schlaf aus den Augen rieb, war man in der paradiesischen Landschaft von Buchten und kleinen Inselchen, wie sie schöner in keinem Reiseprospekt zu finden war. Hocherfreut über die unverhofften zusätzlichen Badeferien, genoss die Reisegruppe den Tag, während der Capitano sich abkrampfte, sein Schiff wieder in Schuss zu kriegen.

Beide Parteien, Kapitän und Passagiere, hatten nicht viel miteinander zu tun, um nicht zu sagen gar nichts. Sie kamen aus ihren eigenen Welten und die Arbeit an Bord erledigte der Schipper alleine, ohne die Mitreisenden um Hilfe anzufragen. Auch eine Gefahreneinweisung für eventuelle Notfälle war unterblieben.

Der weitere Verlauf der Reise war abenteuerlich. Nicht nur das reparierte Segel verabschiedete sich wieder, sondern andere gleich mit und um nicht hilflos im immer stürmischer werdenden Wetter zu treiben, wurde der altersschwache Hilfsmotor bemüht, der den Tag und die Nacht mit Lärm, Abgas- und Dieselwolken erfüllte.

Allzu gemütlich war es nicht mehr. Auf dem offenen Ozean gingen die Wellen höher und höher. Das Wasser spritzte über Bord bis zu den Lukendeckeln. Wer in den sich darunter befindlichen Kojen lag, wurde nass; die Deckel waren undicht. Der Capitano versuchte derweilen die ganze Nacht hindurch, die Probleme mit dem immer wieder aussetzenden Motor in den Griff zu bekommen.

Einer der Passagiere hielt die stickige Luft unter Deck nicht mehr aus und begab sich im ersten Tageslicht nach oben. Da hallte plötzlich sein Schreckensschrei durch den Morgen und ließ die anderen auffahren: „Capitano over board!"

Die Passagiere waren Landratten mit Null Ahnung von der Seefahrt. Immerhin hätten sie gewusst, dass man als erstes einem Schwimmer einen Rettungsring zuwirft, doch schlaftrunken wie sie waren, sahen sie den Ring unlösbar an der Reeling verknotet, Taue und Seile zum Zuwerfen waren nicht zu finden und funktionstüchtige Schwimmwesten ebenfalls nicht vorhanden. Der Motor lief, eine automatische Navigation war eingeschaltet und bis sie herausfanden, wie das alles abzustellen war, hatte das Schiff soviel Fahrt gemacht, dass der Kapitän weit achteraus geblieben war, ein Pünktchen nur noch zwischen den Schaumkronen der Wellen. Und dann plötzlich hatten sie ihn nicht mehr gesehen.

Natürlich war es der erste Impuls aller gewesen, anzuhalten und umzudrehen, aber keiner hatte gewusst wie. Um das Maß vollzumachen, starb der Motor wieder ab und ließ sich nicht mehr starten. Eine Suche nach dem Kapitän, der wahrscheinlich schon untergegangen war, wäre aussichtslos gewesen. Die Mitglieder der Reisegesellschaft schauten sich betroffen an. Vielleicht gab es einen darunter, der ein stilles Gebet sprach für denKapitän.

Das gravierende Problem danach war, dass niemand so recht wusste, wo man sich befand; ob die südamerikanische Küste erreicht werden konnte oder ob sie abdrifteten in die Weiten des Ozeans. Das Wenige an Segelfläche, das noch vorhanden war, fiel auch aus, als die Takelage bei einem Manöver endgültig zu Bruch ging.

Am Horizont wurde ein Schiff gesichtet, was eine hektische Suche nach Signalraketen auslöste. Doch alles, was zu finden war, erwies sich als verrottet und unbrauchbar. Eine Rauchbombe und eine Seenotflagge war alles, was sie in Anwendung bringen konnten, ohne dass sie sich damit bemerkbar machten. Die Wellen wurden immer höher und sie trieben steuerlos im unendlichen Nirgendwo. Die beste noch mögliche Option wäre wahrscheinlich Beten gewesen für sich selber.

Wie schon am Telefon vernommen, hatte die Angelegenheit schlussendlich trotzdem eine gute Wendung genommen. Wie aber? Ein Lob den Mechanikern! Einer hatte es nach langen Versuchen geschafft, den Motor doch wieder in Gang zu bringen. Damit waren sie bis zu einer der Küste vorgelagerten Inselgruppe gekommen und glücklich in ihren Windschatten geraten, wo sie in stillem Wasser Anker werfen konnten. Die meisten solcher Inseln waren unbewohnt und wer hätte sagen können, ob ihnen nicht noch die Prüfung eines mehr oder weniger langen Robinsonlebens in der Wildnis bevorgestanden hätte.

Doch sie wurden gesichtet. Die kolumbianische Marine hatte ein Auge auf Waffen- und Drogenschmuggler. Ein Boot erschien und, an Land gebracht, wurden sie mit vorgehaltenen Gewehren empfangen als mutmaßliche Übeltäter.

Allerdings brauchten sie dort nicht lange, um diese Fehleinschätzung zu korrigieren. Danach schlug die Stimmung um und die Schiffbrüchigen mussten erzählen und konnten sich kaum wehren gegen die überbordende Gastfreundschaft. Sie wurden zum Essen geladen und weitergereicht an immer höhere Dienststellen, aber fürs erste waren sie todmüde und wollten nichts anderes als schlafen.

Für ein paar Tage wurde ihnen geholfen, wieder Fuß zu fassen nach dieser ihrer speziellen Erfahrung und man wünschte ihnen einen angenehmen Aufenthalt in dem schönen Land Kolumbien.

Was mir an dem Geschehen noch lange nachging, war das Schicksal des Kapitäns. Mir fröstelte. Doch die Gruppe selber hatte sich bewährt, den Mut nicht sinken lassen und jeder hatte das Seinige zum Überleben beigetragen.

Meine Nachkommenschaft fand sich also auch in schwierigeren Situationen zurecht. Soweit überschaubar, ließen sich ihre Lebenswege als Erfolgsgeschichten verbuchen, bis auf Schicksalsschläge, die wir als ein unabänderliches Fatum hatten hinnehmen müssen.

Doch es gab auch die anderen, die es nicht geschafft hatten. Sie waren mir begegnet Abend für Abend in den Monaten, als ich Melanie in ihrer schweren Zeit im Universitätsspital begleitet hatte. Mein Weg führte jedesmal durch eine städtische Parkanlage, die zu einem Zentrum des Drogenumsatzes und -konsums geworden war.

Im Schatten der Bäume und den gelegentlichen Lichtinseln der Straßenlaternen schlichen jugendliche Greise mit hängenden Schultern auf der Suche nach ihrem Stoff. Während andere kämpften um jeden Tag ihres Daseins, warfen sie ihr Leben weg. Doch es wäre zu billig, wollte man die Schuld dafür nur ihnen alleine anlasten; es musste eine Menge Leute geben, bis in obere Etagen hinauf, die sich eine goldene Nase an dem Elend verdienten.

Irgendwann später kamen auch die Saubermänner zum Zuge, Politiker, die dafür votierten, den Schandflecken der Stadt mit eisernem Besen davonzukehren. Die Polizei rückte an mit einem Großaufgebot und hinterher war wieder Ruhe und das ganze Gelände hermetisch abgesperrt. Ein Krebsgeschwür der Gesellschaft war beseitigt.

Die Angelegenheit war kein Einzelfall gewesen. Überall, vor allem in den großen Städten, war die Szene erstanden und ließ eine ahnungslose Bevölkerung rätseln, was da schief ging. Bis auch dort das Fass überlief und Recht und Ordnung wieder installiert wurde, damit auf dem Bild des schönen Wohlstands keine hässlichen Flecken zu sehen waren.

Aufräumkommandos waren gekommen und hatten das Chaos abgeräumt: Plastikfetzen zum Zudecken gegen die Kühle der Nacht samt den Unterlagen von halbverrotteten Matratzen; Blechtonnen mit verkohlten Holzteilen, die als Wärmespender und Kochstellen gedient hatten; zweckentfremdete Einkaufswägelchen vom Supermarkt als Vorratsbehälter und alte Bretter und Reste von undefinierbaren Möbelstücken zum Errichten einer provisorischen Wohnlichkeit unter freiem Himmel.

Alles war wieder bestens, doch im Untergrund wucherte das Übel in zahllosen Metastasen weiter.

Was war es, dass junge Menschen bewog, ihr Leben wegzuwerfen in einem Alter, in dem ihnen die ganze Welt offenstand? Warfen sie es wirklich weg, oder tauschten sie es ein gegen ein anderes, in ihren Augen besseres?

Es gab eine junge Frau, die es wissen musste nach einer langen Karriere einschlägiger Erfahrungen, Birgit. Sie sah aus wie ein Engel, mit langen blonden Haaren, sanften blauen Augen und ebenmäßigen Gesichtszügen, in denen sich auf den ersten Blick noch nichts von ihrem erlittenen Elend abzeichnete. Doch öffnete sie den Mund, waren von den Zähnen nur noch wenige missfarbene Stummel vorhanden. Sie war gezeichnet von Heroin.

Sie machte einen Methadon-Entzug und war dazu von den Ämtern auf einen großen landwirtschaftlichen Betrieb plaziert worden, auf dem sie in der Küche mithalf. Wahlweise hätte sie auch eine längere Gefängnisstrafe antreten können.

Ich lernte sie kennen bei einem Besuch auf dem Betrieb und nachdem die Familie und die Arbeiter zu Mittag gegessen hatten, war die Küche leer und Birgit hatte nichts dagegen, sich mit mir an den großen Tisch zu setzen. Einen ganzen Nachmittag lang hatte ich Zeit, Fragen zu stellen und sie beantwortete sie alle, sachlich ohne Emotionen und Hemmungen.

Sie war aufgewachsen in einem Dorf in der Nähe einer Großstadt. Die Eltern waren wohlhabend und verwöhnten ihre Tochter. Mit vierzehn Jahren hatte sie alles, was sie sich nur wünschen konnte, nahm Balletstunden, lernte reiten und besaß ihr eigenes Pferd. Und doch fehlte etwas in ihrem Leben und sie wusste nicht, was.

Vielleicht war es pure Neugier gewesen, dass sie sich zu Drogen, und dazu gleich zu Heroin, hatte verleiten lassen. Vom ersten Schuss an war sie süchtig. Sie musste etwas so Elementares erfahren haben, den Einbruch einer anderen Welt, in der sie gemeint hatte, einen Anklang an ihre tiefsten Sehnsüchte zu finden, dass sie verloren war für eine Existenz im Hier und Jetzt. Eine Existenz, in der es für sie keine Werte gegeben hatte, die das Leben lohnenswert machten.

Wird eine geistige Welt als die Grundlage des materiellen Daseins geleugnet, kann sie sich mit Gewalt Zugang zu unserem Bewusstsein schaffen. Birgit hatte es erfahren müssen. Sie kam nicht mehr los von der Droge und hatte in ihr immer wieder das Phantom einer lichteren Welt gesucht.

Das äußerliche Resultat waren die vielen Stationen auf dem Wege eines Absturzes. Die entsetzten Eltern hatten sie mit Drohungen und Gewalt, bis hin zum Freiheitsentzug, von der Droge loszureißen versucht. Sie flüchtete in die Stadt und war für die bürgerliche Welt verschollen. Sie lernte das harte Leben auf der Gasse kennen, war bald von heroinsüchtigen Kollegen umgeben und wurde betrogen von denen, die selber betrogen waren.

Das große Problem war die Finanzierung der Stoffbeschaffung. Birgit versuchte es mit Gelegenheitsarbeiten. Es langte nicht. Sie wurde von der Sozialfürsorge aufgegriffen und in Erziehungsprogramme gesteckt. Sie brach aus, nur um in die Hände eines Drogenkollegen zu fallen, der sie auf den Strich schickte, wo sie sich den Männern anbieten musste. Sie beschaffte das Geld und er versorgte sie mit Stoff.

Einer ihrer Freier schien es gut mit ihr zu meinen und nahm sie gelegentlich mit in seine bürgerlich heile Welt. Sie verknallte sich in ihren vermeintlichen Wohltäter und der Aufprall auf den harten Boden der Wirklichkeit war umso härter, als er sie sitzen ließ. Sie war am Ende.

Sie versuchte sich mit einer Überdosis das Leben zu nehmen, wurde gefunden und in ein Spital eingeliefert. Ihren Körper konnten sie dort retten, aber nicht ihre Seele. Äußerlich wiederhergestellt wurde sie aufs Neue entlassen und auf die Gasse geschickt.

Bei den ständigen Geldnöten waren die nächsten Stationen Einbruchsdiebstähle, ausgeführt zusammen mit Kollegen. Bis sie dann gefasst wurden. Es gab eine Gerichtsverhandlung und eine erste Gefängnisstrafe von anderthalb Jahren.

Für Birgit wurde es eine Zeit, die sie im Nachhinein als schön bezeichnete. Ihr Leben verlief in geregelten Bahnen und den sachlichen Umgang des Gefängnispersonals mit ihr empfand sie nach dem menschlichen Chaos vorher sogar als wohltuend. Ein Dach über dem Kopf, eine warme Umgebung, Mahlzeiten an jedem neuen Tag – das alles waren Dinge, die sie auf der Gasse kaum gehabt hatte.

Doch es war nicht lebenslänglich für sie gewesen, sondern „nur" anderthalb Jahre. Danach fing das Elend wieder an. Ein Zuhause, in das sie hätte zurückkehren können, gab es nicht mehr; ihre Eltern hatten sie verstoßen und jeden Kontakt abgebrochen. Sie geriet aufs Neue in den Teufelskreis.

Das alles erzählte Birgit, als wir zusammen am Küchentisch saßen in dem großen alten Bauernhaus mit seinen massiven Deckenbalken. Gab es wirklich keinen Ausweg? Ich fragte sie danach.

Sie war schon seit einer geraumen Weile auf Methadon-Entzug, mit einer Substanz also, die die grässlichen Wirkungen eines vollen Entzuges mildern sollten und doch nur Abhängigkeiten anderer Art schuf. Mit Chemie alleine war das Problem nicht zu lösen. Gab es überhaupt nichts in dieser unserer Welt, das für sie hätte wertvoll sein können?

Sie schaute mich an mit ihrem melancholischen Lächeln. Ich legte nach: „Du bist doch jetzt schon halb über den Berg mit dem Methadon. Ist es unmöglich für dich, Nein zu sagen? Wenn ich hier auf den Tisch eine Spritze legen würde mit einem Schuss – lässt du sie liegen? ..." Das melancholische Lächeln blieb weiter auf ihrem engelhaften Gesicht. Langsam schüttelte sie den Kopf.

Später, nach einer Weile, hatte sie nicht

länger bleiben wollen und war eines Tages verschwunden. Nachforschungen im Milieu der Gasse ergaben, dass sie sie dort gekannt, aber schon seit längerer Zeit nicht mehr gesehen hatten. Bei einem Anruf bei den Eltern wurde nach Nennung des Namens der Hörer aufgelegt mit der bissigen Bemerkung: „Hier gibt es keine Birgit!"

Beide Seiten, Tochter und Eltern, mussten das alles als eine unentrinnbare Katastrophe empfunden haben, der sie hilflos gegenüber gestanden hatten. Doch es gab Menschen, die einen derartigen Einbruch in ihr Leben nicht hinnahmen und nach Auswegen suchten, koste es, was es wolle.

Ein guter Bekannter von mir war solch ein Mensch. Er verdiente es sogar, ein Freund genannt zu werden, obwohl ich sonst mit dieser Bezeichnung zurückhaltend war. Er hatte uns einmal einen Dienst erwiesen, der eine entscheidende Wendung in unser Leben brachte. Später sind wir uns im Laufe der Zeit und durch die verwickelten Umstände aus den Augen gekommen, so dass mir seine Geschichte nur bruchstücksweise im Gedächtnis ist.

Er war früher international tätig gewesen, hatte Dinge organisiert, an manchen Orten

Entwicklungen in Gang gebracht und hatte Beziehungen rund um den Globus. Als er eine Familie gründete und sich eine quirlige Kinderschar einstellte, verlief sein Leben in ruhigeren Bahnen, ähnlich wie bei uns. Zeitweise wohnten wir sogar in nicht allzugroßer Entfernung voneinander, so dass wir uns gegenseitig besuchten. Unsere Kinder waren ungefähr im gleichen Alter und wenn sie einen Nachmittag lang zusammen herumtollten, hatten sie es gut miteinander. Einer seiner Buben war ein aufgeweckter Bursche, ein kleiner Wildfang.

Danach sahen wir uns weniger oft, doch als wir nach Jahren wieder einmal zusammentrafen, erhielt ich einen Bericht aus erster Hand, was aus der Familie geworden war: Lauter Erfolgsgeschichten, die Jungmannschaft hatte vielversprechende Wege ins weitere Dasein gefunden. Auch der ehemalige Wildfang, obwohl es da einige Komplikationen gegeben hatte.

Als er älter geworden war, hatte der Junge zu wörtlich genommen, was ihm von überall her eingeblasen wurde, nämlich dass das Leben eine Spaßgesellschaft sei. Spaß als Lebenszweck, vor allem der eigene. Dass er intelligent war und überall schlank durchs Leben kam, geriet ihm dabei eher zum Nachteil.

Er wurde aufsässig gegen alles Etablierte. Wenn er zu einer bestimmten Zeit zuhause sein sollte, ging es anfangs eine Stunde länger und später noch mehr. Er hatte beredsame Widerworte für alles, was nicht seinen Vorstellungen ensprach – das Normale also in dem Alter, wenn man anfing, selbstständig zu werden.

Nicht mehr ganz so normal wurde es, wenn er bis nach Mitternacht ausblieb. Einmal hatte wohl zu solch später Stunde die Polizei angerufen: Es war ja nichts Weltbewegendes vorgefallen außer einem bisschen Randalieren, aber warum in aller Welt konnten Eltern ihre minderjährigen Spösslinge nicht besser beaufsichtigen?

Irgendwann musste es dann auch gröberen Unfug gegeben haben, Schaden war entstanden durch Sprayereien und andere Untaten. Die Sache kostete und wer konnte zahlen? Die Eltern natürlich, denn der Junior hatte kein Geld, jedenfalls nicht dafür.

Dies und Ähnliches ließe sich noch verbuchen unter der Rubrik Mut- und Bewährungsproben innerhalb einer Gruppe Jugendlicher, die ihre Grenzen auslotete. Als dann aber der begründete Verdacht aufkam, es wären Drogen im Spiel – manchmal durch ein gewisses geistesabwesendes Verhalten und einen Schlafzimmerblick zu erkennen – wusste mein Freund genug.

Er hatte immer noch weitreichende Verbindungen in aller Welt und kannte Menschen und ihr spezielles Umfeld. Es gab einige internationale Ferngespräche und danach lud er seinen Sohn zu einer Reise ein. Sie ging in Richtung Flughafen.

Der Knabe war 16. Spätestens als sie über den Wolken waren, musste ihm klar geworden sein, dass es sich um eine größere Aktion handelte. Der Flug ging nach Südamerika. Es gab einige Anschlussflüge und sie waren im Süden von Chile. Das Wetter wurde zunehmend frösteliger und vor allem windiger, als die Reise weiter nach Süden fortgesetzt wurde auf einem Schiff. Mitgebrachte Winterkleider wurden ausgepackt, aber es ging noch eine Weile, bis das Ziel nach dem Umsteigen auf kleinere Wasserfahrzeuge und zum Schluss auf Pferde erreicht war: Die hinterletzte Ecke von Feuerland, abseits aller touristischen Sehenswürdigkeiten, das sturmgebeutelte Ende der Welt. Danach kam nur noch Südpol.

In der Hauptsache lebten sie dort auf den endlosen Grasflächen von Schafzucht. Es waren Tausende von Tieren, die sich über ein großes

Gebiet verteilten und das Jahr über im Freien blieben. Das Klima war maritim ohne große jahreszeitlichen Schwankungen, immer feucht, immer kühl und raue Winde, die an 300 Tagen im Jahr wehten und sich steigerten bis zum Sturm.

Der Wind kam unaufhörlich aus Westen und wenn an etwas geschützteren Stellen Bäume wuchsen, blieben sie verkrüppelt mit Ästen, die in die Windrichtung wuchsen, ohne eine richtige Krone auszubilden. Sie sahen aus wie überdimensionale umgeknickte Besen.

Der Vater verbrachte einen Tag in Gesprächen mit seinem ehemaligen Jugendfreund, der seine Karriere an den Nagel gehängt hatte, um ein urtümliches Leben zu führen in einfachen Unterkünften in der Wildnis. Er hatte eine Existenz als Schafzüchter aufgebaut in Gemeinschaft mit seinen einheimischen Viehhirten, den Gauchos. Der Sohn stellte sich unterdessen mit gemischten Gefühlen darauf ein, hierbleiben zu müssen, und suchte Trost in dem Versprechen, nach zwei Jahren wieder abgeholt zu werden.

Die weitere Erziehung des Jungen verlief vorerst nonverbal. Das Leben selber gab die Richtung an, in die es gehen sollte. Wollte man satt werden, hatte man sich an die Zeiten zu halten, an denen in der Küche die Feuer brannten unter Kesseln und Pfannen. Hatte man es gerne warm, zog man sich entsprechend an und, vor allem, bewegte sich; zu tun gab es genug. Suchte man die Gemeinschaft seiner Mitmenschen, beteiligte man sich an ihren Arbeiten.

Spanisch lernen war ein weiteres Muss. Desgleichen Reiten, denn die meiste Arbeit fiel draußen im Gelände an. Auf eigenwillige Exkursionen wurde dabei wohlweislich verzichtet, denn nur die Gauchos waren die Menschen, die wussten, was zu tun war in schwierigen Situationen. Wie wäre es einem Neuling auch alleine ergangen bei plötzlich aufkommendem Nebel, einen langen Ritt weit weg von der Farm und im ganzen Umkreis keine Orientierungsmöglichkeit mehr?

Eine ganz besondere Zeit war die Saison der Schafschur. Tagelang waren die Männer unterwegs, um die Schafe im ganzen Gebiet zusammenzutreiben und zum heimatlichen Pferch zu leiten, wo die Schur stattfand und die Wolle vorbereitet wurde für den Versand nach Übersee.

Das Leben abseits der Zivilisation war kein Spaziergang gewesen, auch wenn die Einzelheiten mir nicht mehr alle im Gedächtnis sind.

Aber so ungefähr wird es gewesen sein. Dem Jungen hatte es jedenfalls nicht geschadet. Als er nach zwei Jahren zurückkehrte, war aus ihm ein Mann geworden. Er wusste, wie er seine Zukunft anzupacken hatte, ging zielstrebig seinen Weg und war immun gegen die Verlockungen, wie sie von allen Seiten an uns herantraten.

10. Fernsicht und Ausblicke

Das Dasein nahm seinen Verlauf und irgendwann war ich endgültig aus dem Amt des Erziehens entlassen. Die Nachkommenschaft war fest etabliert in ihrem eigenen Leben mit Beruf, Familie und Kindern. Sie war jetzt an der Reihe mit der Erziehung und da die Welt sich ständig weiterdrehte, machte sie ihre eigenen Erfahrungen dabei. Es waren andere und neue Probleme, vor der sie stand und neue Antworten waren gefordert.

Ich selber geriet in eine Lebensstimmung, die es gern von der geruhsamen Seite nahm. Es drängte ja niemand und man war auch nicht mehr der Jüngste. Zeit also, seine Erinnerungen aufzuarbeiten. Meine schöne Nachbarin schaute mir manchmal über die Schulter und sah mich Geschichten aufschreiben

Sie meinte, Namen wären übrigens nicht weiter von Belang und das mit der Schönheit gäbe sich ohnehin im Laufe der Jahre. Nachbarin als Name würde völlig genügen. Bei

Bedarf könne man allenfalls sagen „liebe" Nachbarin.

Ansonsten war sie voll im Schuss und begeistert von jeder neuen Aufgabe, die sie anpackte. Sie hatte das Gefühl, mich manchmal etwas aufmuntern zu müssen.

„Immer nur auf der faulen Haut liegen", sagte sie. „Wird dir das nicht langweilig?"

Es gab aber nur die eine Haut! Faul oder nicht faul, man nahm's, wie es kam.

„Du könntest aber etwas Besseres tun", beharrte sie.

Hatte ich doch! Waren das nicht ganze Berge an Mahlzeiten gewesen, gekocht im Dienste der Familie?

„Rabaa!", sagte sie. „Kochen! Kochen kann jeder. Von dir könnte man eigentlich mehr erwarten!"

Junges Volk hatte gut reden, vor allem, wenn man dabei von vergleichsweise strotzender Gesundheit war. Allzu jung zwar war auch sie nicht mehr, aber immerhin ein Vierteljahrhundert jünger als ich. Was also war denn überhaupt zu tun, ihrer Meinung nach?

„Na! Fit werden natürlich! Mach mal ein bisschen vorwärts! Wann machen wir eigentlich wieder mal eine Bergtour zusammen?" Bei schönem Wetter sah man von uns aus die

Schneeberge.

War ich ein Schnell-Express? Man hatte eben nicht mehr immer die Nase zuvorderst.

„Und deswegen soll ich auf meine Bergtour verzichten?". Sie war manchmal etwas ungeduldig.

Vielleicht würde es ja nächste Woche passender sein. Oder in zwei? Das war recht unterschiedlich. Im Moment war ich jedenfalls nicht so gut im Strumpf.

Sie gab nicht auf. „Und wenn wir einfach mit der Gondel hochfahren und gemütlich wieder runterlaufen? Wenn du schlapp machst, greife ich dir unter die Arme."

Das war tröstlich, aber eigentlich war es mein Ehrgeiz, aus eigener Kraft senkrecht zu bleiben. Außerdem lief man über Steilhänge nicht einfach so gemütlich bergab.

„Ich trage auch den Rucksack", blieb sie am Ball. „Da wäre dann etwas Gutes drin, um dich aufzumöbeln, wenn dir flau wird."

Na, wenn das kein Angebot war! Früher hatten wir öfter Wanderungen gemacht, als die beiden Buben noch klein waren. Wenn dann der jüngere, weil müde, jammerte: „Mama, tragen!" hatte sie ihn Huckepack genommen, den kleinen Racker. Aber ich war ja nun schon ein großer Racker, da tat sich das nicht mehr so einfach. Die Berge liefen nicht davon.

„Schade", meinte sie. „Pass auf, dass du nicht einrostest! Es würde mir leid tun um dich. Ich jedenfalls würde mir ein bisschen mehr Fernsicht wünschen."

Das wünschte ich mir auch, auf Berge, aber mehr noch auf meinen ganzen Lebensweg überhaupt. Wohin führte er eigentlich? War man auf der richtigen Schiene?

Wie dem auch sein mochte, Fürsorglichkeit war ein schöner Charakterzug von ihr, obzwar manchmal ein wenig aufdringlich: „Jetzt hast du dich ein halbes Leben lang abgerackert, andere zu erziehen. Wie wärs denn mal umgekehrt?"

Ich verstand nicht recht. – „Na! Selbsterziehung!", half sie mir auf die Sprünge. „Schau, dass du dich selber in den Griff kriegst. Mach mal zehn Kniebeugen und halte dich senkrecht, Brust raus, Bauch rein!"

Ach! So ganz unbekannt war das nicht, dass man sich auch selber erziehen konnte, aber gleich so heftig? Für zehn Kniebeugen wäre auch morgen noch Zeit.

Selbsterziehung! Ein großes Wort. Doch wofür eigentlich? Die Notwendigkeit von Erziehung bei jungen Menschen war offen ersichtlich; wie anders sonst sollten sie lernen, sich ins Leben zustellen und ihren Platz in der Welt zu finden. Aber Erziehung im Alter?

Einen knorrig und krumm gewachsenen Baum bog man kaum mehr gerade wie einen jungen Schößling. Und es war ja auch nicht mehr der Einstieg ins Leben, der eingeübt werden wollte, sondern eher der Ausstieg.

Eine Zeit lang ließ sich das zwar ignorieren. Man konnte Briefmarken sammeln auf seine alten Tage, einem Kaninchenzüchter-Verein beitreten oder die Einschaltquote beim Fernsehen verbessern. Doch für einen Querdenker war das eher unbefriedigend.

War das Leben eingeschlossen in die Grenzen von Geburt und Tod und vorher nichts und nachher nichts, wie uns das von allen Seiten der äußeren Welt einschließlich der hohen Wissenschaft eingeflüstert wurde, spielte es ja keine Rolle. War das Verlassen des irdischen Planes dagegen ein Ankommen in einem anderen, war es vielleicht angebracht, sich beizeiten um die genaueren Konditionen dort zu kümmern, um sich zurechtzufinden.

Die Gegenargumente allerdings waren bekannt: Es gab überhaupt keine jenseitige Welt! Das waren alles nur Hirngespinste. Dass dort das schwarze Nichts lauerte, mochte unsympatisch sein oder auch nicht, aber so war es nun mal. Punkt!

Von anderen war die Meinung zuhören: Man wisse das nicht! Zu gegebener Zeit würde es sich schon zeigen, ob etwas dran war an der Sache. Dann könne man immer noch weiterschauen. Eine Argumentation, die vergleichbar war mit der von Reisenden, die sich aufmachten zu einer Südpolarexpedition in Pantoffeln und Freizeithemd.

Ein Aufbruch zu neuen Ufern würde es zwar sein. Aber die Ausrüstung war ein bisschen mager, wenn man losstolperte ohne Kompass und Ohrenschützer in Kälte und Dunkelheit.

Bisweilen sah mich die Nachbarin tief in Gedanken. Dann schüttelte sie verwundert den Kopf: Was Menschen auch für Probleme hatten, wenn es höchste Zeit war, dass sich jemand im Garten um das wuchernde Unkraut kümmerte!

Bei meiner Suche nach dem Sinn des Lebens war mir aus der Zeit der Gutenacht-Geschichten an Kinderbetten noch das Märchen von der „Frau Holle" in Erinnerung. Da war es so gewesen, dass zwei Menschenkinder in einen tiefen Brunnen sprangen oder springen mussten und angenehm überrascht waren, dass es nicht das finstere Nichts war, in dem sie landeten, sondern eine sonnenüberglänzte Frühlingswiese.

Doch ihre weiteren Schicksale nahmen einen gegensätzlichen Verlauf. Das eine Mädchen war arbeitsam und voll guten Willens, das andere schnippisch und hochmütig. Und so benahmen sie sich auch während der Zeit, in der sie zu Gast waren bei der Frau Holle. Die Belohnung war dann dementsprechend.

Die Gutwillige wurde über und über mit Gold beschenkt und die Hochmütige mit schwarzem Pech beschmiert. Wer wollte, konnte das als ein Bild nehmen der realen Gesetzmäßigkeiten, die in der jenseitigen Welt herrschten. Jeder erntete, was er gesät hatte.

Aber vielleicht war es nicht jedermanns Sache, sich auf das Niveau von Märchen zu begeben. In einem aufgeklärten Zeitalter sollten doch wohl eher die Fachleute zu Wort kommen! Die Fakultäten der Theologie, Philosophie, Psychologie, Soziologie und ähnlicher Fachgebiete, bei denen sich unermessliche Wissensschätze angesammelt haben mussten, – hatten sie nichts zu sagen?

Ein ohnehin schon hochgelehrter Kollege der Zunft, Doktor Faustus, hatte dort nach weiteren Antworten gesucht „in heißem Bemühen", doch herausgekommen war dabei nichts. Was dann bekanntlichermaßen dazu führte, dass er seine Seele dem Gehörnten verschrieb. Mir sollte das eine Warnung sein, mich nicht mit unlauteren Elementen einzulassen.

Mit dergleichen Überlegungen war allerdings in Sachen Selbsterziehung noch nicht viel getan. Besinnung auf den aktuellen Ausgangspunkt war in erster Linie gefragt, um sich überhaupt orientieren zu können: Wo stand ich und was war das für eine Welt, in der ich lebte? Jedenfalls nicht mehr die, in der ich in jungen Jahren aufgewachsen war. Werte, wie sie Jahrhunderte, vielleicht sogar Jahrtausende, bestanden hatten, waren dabei, bis zur Unkenntlichkeit zu degenerieren.

In einer sich ausbreitenden Dunkelheit war das Wort „Gott" erst zu einem Fremdwort geworden und dann zu einem Unwort, wenn nicht gar zu einem schmutzigen. In Kirchen mochte es noch ein Schattendasein fristen, aber wo sonst war das Bewusstsein, dass Er der Schöpfer war dieser ganzen Welt, die ohne Ihn in die Nicht-Existenz versinken müsste.

Es schien nicht mehr weit zu sein bis zu Seiner endgültigen Abschaffung. Eine schon fast religiöse Fixierung auf Komfort und gutes Leben, dem eigenen vor allem, ließ darauf schließen. Dass der Planet geplündert wurde und halbe Kontinente in Krieg, Not und Elend versanken, stand dabei weniger im Fokus.

Eine fatale kollektive Blindheit für das Gesetz von Ursache und Wirkung breitete sich aus und das Resultat war dementsprechend: Die Menschen aus den verwüsteten Erdteilen waren auf dem Weg zu uns! Zu den Ländern, in denen sie vermuteten, dass Milch und Honig fließt. Dass die neuen Nachbarn eine noch ursprünglichere Einstellung zu Familie und Kindersegen mitbrachten im Vergleich zu den Alteingesessenen, war ein anderer Aspekt der Angelegenheit.

Das Thema Selbsterziehung hatte mehrere Aspekte. Die Anforderungen waren relativ einfach auf der rein leiblichen Seite: Mit fortschreitendem Alter und seinen Wehwehchen war es ratsam, auf seinen Lebensstil zu achten, wollte man gesund bleiben.

Dass Rauchen tödlich war, stand mittlerweile fettgedruckt auf jeder Zigarettenschachtel, aber auch für Nichtraucher war das Leben nicht ganz ohne. Die guten Dinge des Lebens – alles schmeckte ja sooo lecker und auch wenn es schön sachte zuging mit dem Dicker- und Kränkerwerden, dass es vorerst gar nicht besonders auffiel, war Maßhalten manchmal um einiges bekömmlicher. Die beste Strategie war, dem Feind offen entgegenzutreten: dem „Bauch" mit seiner Neigung zur Unersättlichkeit. Und zeigte er sich besonders hartnäckig, schnitt man ihn vom Nachschub ab: Fastenkuren sollten sehr heilsam sein. Maßhalten war aber auch sonst keine schlechte Option: Alles an mühselig zusammengerafften Schätzen wurde ohnehin weitergegeben an lachende Erben.

Schwieriger wurde es auf der mentalen Ebene. Irgendwann kam die Zeit, dass ich vor meinen Schöpfer treten musste, wo meine Seele an ihren Taten gemessen würde. Die Macht der Dunkelheit würde nie das Licht überwältigen, aber hatte ich geholfen, das Dunkle dunkler zu machen oder das Licht heller?

Egal in welch großes Chaos die Welt versank, jede Seele hatte das Potential mitbekommen, ihre Möglichkeiten der Entwicklung zum Höheren wahrzunehmen. Das war unser Geburtsrecht. Hatte ich es genutzt? Hatte ich um Vertrauen und Entschlossenheit dazu gebetet?

Fehler durften, oder mussten sogar, begangen werden auf dem Weg des Fortschreitens, Prüfungen konnten uns schwanken lassen, Verzweifelung uns überwältigen, aber am Ende des Tunnels schien das Licht, solange wir nur die Hoffnung aufrecht erhielten. Hatte ich? War ich fest geblieben im Glauben daran?

Ich hätte meine Ansichten in einer Diskussion unter Freunden vertreten können, doch es war fast keiner mehr da. Ihre Anzahl aus früheren Zeiten hatte sich reduziert, sie hatten das irdische Tätigkeitsfeld verlassen oder waren in die innere Emigration gegangen, verschollen und nicht mehr erreichbar.

Doch einen gab es noch, altes Urgestein und unverwüstlich. Wir kannten uns seit Jahrzehnten und hatten uns manches Wortgefecht geliefert. Diese Tradition blieb ungebrochen, wenn wir wieder einmal aneinander gerieten. Wegen der geografischen Distanz meistens am Telefon; man war weniger reisefreudig geworden.

„Du, Freddy", sagte ich, „kommt dir eigentlich nie in den Sinn, dass wir auf dieser Erde nicht ewig leben?". Sein richtiger Name war anders, aber schon seit langen Jahren hatte sich die jetzige Version eingebürgert zwischen uns.

„Bleib mir bloß vom Hals mit deiner heiligen Dreifaltigkeit," sagte er. Dabei war es gar nicht meine Dreifaltigkeit; dessen verdächtigte er mich nur, weil er in mir die Anlage zu einem Betbruder vermutete, während er selber in den Wirren der Zeit den Glauben an eine höhere Führung verloren zu haben schien. Ansonsten war er ein guter Mensch.

Es hatte sich in ihm ein Misstrauen gegen fromme Gedanken eingewurzelt, dem er gern und freimütig Ausdruck verlieh: „Der ganze religiöse Plunder ist keinen Pfifferling wert!"

Trotzdem könnte man ja mal nachdenken, was aus uns wird.

„Was soll schon werden", meinte er, „nichts und basta! Außerdem habe ich mir dieses Hundeleben gar nicht ausgesucht. Mich hat niemand gefragt, ob ich es überhaupt wollte."

Das mit dem Hundeleben war jedoch relativ. Es war bekannt, dass er in früheren Zeiten kein Kostverächter gewesen war. Inzwischen hatte er allerdings, wie wir alle, einige Nasenstüber des Schicksals einstecken müssen. „Du bist mit deiner Einstellung auf dem Holzweg", sagte ich ihm geradewegs.

Er blieb bei seiner Ansicht: „Alles Quatsch!"

Damit weckte er meinen seelsorgerischen Eifer: „Freddy, jetzt sei doch mal vernünftig! Da ist kein schwarzes Nichts auf der anderen Seite, da fängt es erst richtig an!"

„Beweise, Beweise!", konterte er. Aber mit Beweisen kam man nicht weiter. Es ließ sich ja nicht einmal beweisen, dass es einen Walfisch gab. Außer man ging im Südatlantik paddeln, bis man einen sah. Da das niemand machte, gab es also auch keinen Walfisch nach dieser Logik.

„Unsinn! Jedes kleine Kind kann das nach-schauen im Lexikon", gab er ungnädig zurück.

Lexikon? Papier? Papier war geduldig. Pap-ier ließ sich belügen wie gedruckt. Beispiele gab es zuhauf, auch wenn damit nicht unbedingt die Nichtexistenz von Walfischen untermauert wurde.

„Du must das alles nicht mit dem kalten Verstand anschauen, sondern mit dem Her-zen", war mein vorsichtiger Versuch, den Ge-danken weiterzuführen.

„Herz, Herz, wer hat denn heutzutage über-haupt noch ein Herz!", polterte er. Er war ein harter Brocken.

Aber schlussendlich gab er mir die Gele-genheit, meine Sicht der Dinge darzustellen. Also: Der Unterschied zwischen hier und jen-seits war eigentlich minimal. Uns fehlte drüben nur der materielle Körper, alles andere blieb sich gleich, weil immateriell und damit unsterb-lich. Alle Gedanken und Gefühle, alle Erinner-ungen und Willensimpulse – die blieben, wie sie waren. „Amen", sagte Freddy.

Ich ließ mich nicht beirren und vertrat tapfer meine Ansicht: Alles, was auf unserer Seite ge-tan wurde, sich mit den Bedingungen des Jen-seitigen bekannt zu machen, würde ein Licht sein auf den Wegen vor uns. Auf der anderen Seite der Leitung war ein Schnauben zu hören. „Freddy, was ist, habe ich etwas Falsches gesagt?"

Er suchte anscheinend nach Gegenargumenten. Bis er welche gefunden hatte, legte ich nach mit dem Beispiel der Expeditionsteilnehmer, die vorstießen ins große Unbekannte. Waren ihre Aussichten nicht umso günstiger, je besser ihre Ausrüstung war – ein inneres Wissen, das zu einem Licht wurde auf dem Weg, der voraus lag?

Hatte ich Freddy damit in Grund und Boden geredet? Meine wohlerwogenen Argumente wollte er durchaus nicht gelten lassen. Es folgte ein Abtausch in Worten, bis mir nichts anderes mehr einfiel, als zu sagen: „Denk was du willst, aber ich hoffe sehr, du machst damit keine Bruchlandung. Es wäre schade um deinen Dickschädel."

Gemütlich in einem Sessel saß die Nachbarin und strickte an einem Pullover. Sie musste mitgehört haben. „Du bist schon ein ganz ungehobelter Holzklotz", sagte sie, „redet man so mit alten Freunden?"

Was hatte sie eigentlich? Wir hatten immer so geredet und verstanden uns blendend dabei.

Aber das sah sie anders und befand sich damit auf einer Linie mit meinen Töchtern, die mir ebenfalls manchmal einen gewissen Mangel an Taktgefühl bescheinigten. Dass ich an ihnen noch irgendetwas zu erziehen hatte, war schon lange vorbei. Geblieben waren diverse Meinungsverschiedenheiten. Aber vielleicht war ich ja wirklich ein ungehobelter Klotz?

Ich nahm mir vor, mich zu bessern. Im stillen Kämmerlein wollte ich bitten: "Herr, ich weiß ja selber, was ich für einer bin, aber bitte vergib mir, ich übe noch, ich bin erst auf dem Weg …" Und wenn sich irgendwo mildernde Umstände finden lassen würden zu meiner Entlastung, bestand vielleicht die Hoffnung, Er täte sie mir anrechnen. Im Vertrauen darauf, dass Er der Herr war des Universums und Seine Geschöpfe nicht strafte, sondern liebte.

Sah etwas aus wie Strafe, dann nur, um uns wieder auf den rechten Weg zu bringen, der verlassen worden war. Leben ohne die Folgen unseres Handelns war nicht vorgesehen im Weltenplan.

Vom selben Autor

Zwischen zwei Welten – Passion eines jungen
Mädchens

Leben auf Bewährung – Der gemeinsame Weg
ins Ungewisse